人人伽利略系列 30

國中・高中數學

有趣又實用的生活數學！附重要公式集

人人出版

人人伽利略系列 30

有趣又實用的生活數學！附重要公式集

國中・高中數學

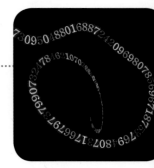

1 將「數」靈活運用

監修 小山信也

2 用「函數」與「三角函數」來預測看不見的東西

監修 小山信也

3 用微積分測定事物的變化

監修 小山信也

4 用「機率與統計」找出事物的規則

監修 小山信也

5 給大人的「國高中數學」

1

將「數」靈活運用

國 高中會學到「無理數」、「實數」、「虛數」等數的概念。要活用國高中數學，得先好好瞭解這些數的意義，才能打好基礎。

為了學會如何靈活運用這些數，第 1 章會先說明相關基礎，並介紹這些數有何用途。

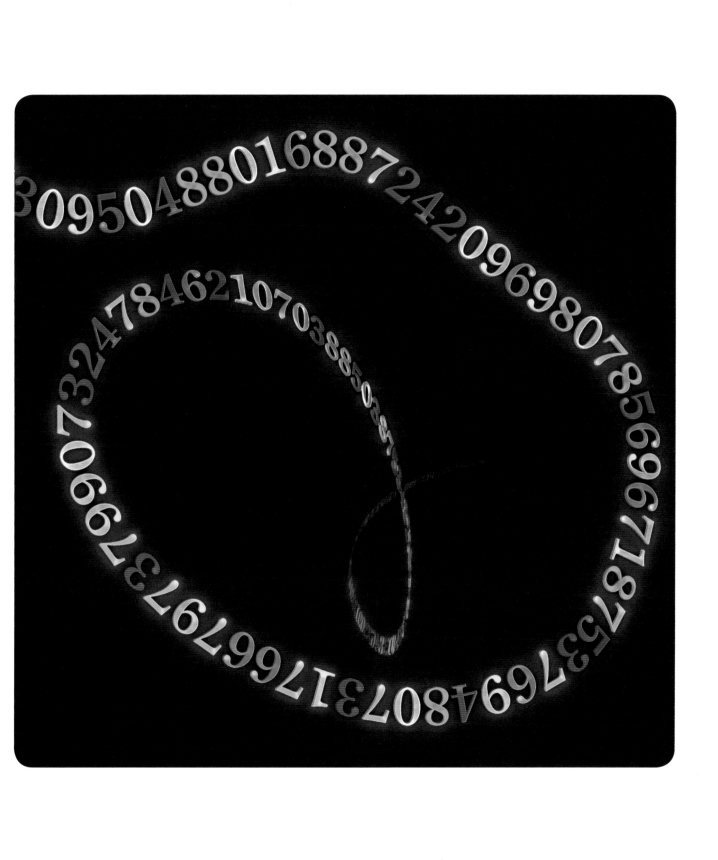

從天氣預報、電視遊樂器到傳染病的防範，都會用到數學！

數學是一門非常有用的學問。但也有不少人覺得「國高中學到的數學，日常生活中根本用不上」。在正式進入第1章前，先讓我們介紹幾個例子，說明數學在社會上的應用吧！

日常生活中許多地方都會用到數學

在報導新冠肺炎病毒傳播的新聞中，常會用到「確診者呈指數增加」這樣的句子。另一方面，日常生活中則常可聽到「直線增加」這個詞。譬如以固定速度移動的汽車為例，移動距離 y（公尺）、速度 a（公尺每秒）、經過時間 x（秒）會有 $y = ax$ 的關係。其中，y 會沿著直線增加。

而指數函數式的增加，則會以直線增加無法比擬的程度迅速成長。若不瞭解指數函數的這種性質，就無法正確理解傳染病的恐怖。或者也可以說，高中學到的指數函數，是守護我們健康的重要工具（之後的篇幅中會詳細介紹什麼是指數函數）。

日常生活中還有許多例子隱含著數學知識。譬如天氣預報中，會用「向量」來表示風向。

玩電視遊樂器時，我們會用控制器操作角色。此時電視遊樂器會透過「向量」（vector）與「矩陣」（matrix）的計算結果，決定要輸出什麼畫面到螢幕上。

大型考試常常會用「偏差值」為指標，評估單一學生的成績。偏差值可由高中統計單元中教的「標準差」計算出來。要特別注意若沒有正確理解統計學，就會誤解偏差值的意思。

對以物理學為首的各門科學來說，數學也是不可或缺的工具。包括物體的運動定律在內，自然界中的物理定律多會用到「微分」的概念。微分及其相對概念「積分」的知識，可以說是理解自然界運作機制的必要工具。

向量

以箭頭表示的「向量」可用來表示風的方向與強度。

各種用到數學的例子

這裡是幾個數學應用的示意圖。這些應用都會在之後的篇幅中依序介紹。

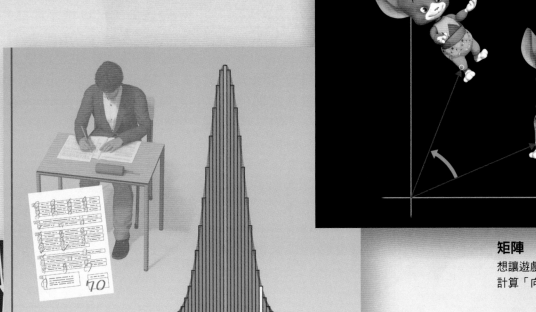

矩陣
想讓遊戲中的影像動起來時，須要計算「向量」與「矩陣」。

標準差
大考中常用到的「偏差值」，須由「標準差」算出。標準差可表示一群資料的離散（discrete）程度。

指數函數
若要預測新冠肺炎病毒等病原體造成的傳染病擴散速度有多快，須先瞭解「指數函數」的相關知識。

微分與積分
從棒球到彗星等星體，所有物體的運動都會遵守「微分方程式」。解微分方程式時，須用到微分與積分等工具。

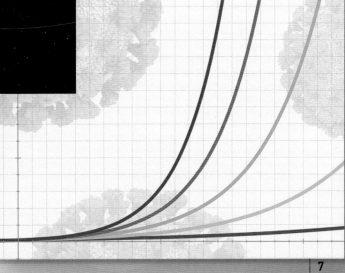

為什麼負數×負數會得到正數？

上國中後，第一個讓人困擾的概念應該就是「負數」吧。「5個蘋果」這件事很好想像，「負5個蘋果」卻很難想像是什麼意思，如果你懷疑「負數真的存在嗎？」那也是情有可原。過去西方甚至還將負數視為「偽數」，有很長一段時間都不認同負數的存在。直到數百年前，才承認了負數。

計算負數時最容易讓人混亂的，應該就是負數之間的乘法（負×負＝正）了吧。這裡讓我們用「速度×時間＝距離」來說明負數的乘法。

如下圖，設往右為正向，一部車的速度為每秒3公尺，1秒後會往右前進3公尺❶。代入「速度×時間＝距離」後，

可得到「3×1＝3」（正×正＝正）。

車在1秒前應位於左方3公尺處❷。可以把1秒前想成是「－1秒後」，左方3公尺處想成是「右方－3公尺處」，代入「速度×時間＝距離」後，可得到「3×（－1）＝－3」。由此可知「正×負＝負」。

接著讓我們想像一部往左秒速3公尺的車。這部車的速度可視為「每秒－3公尺」，1秒後會往左前進3公尺❸。代入「速度×時間＝距離」後，可得到「（－3）×1＝－3」（負×

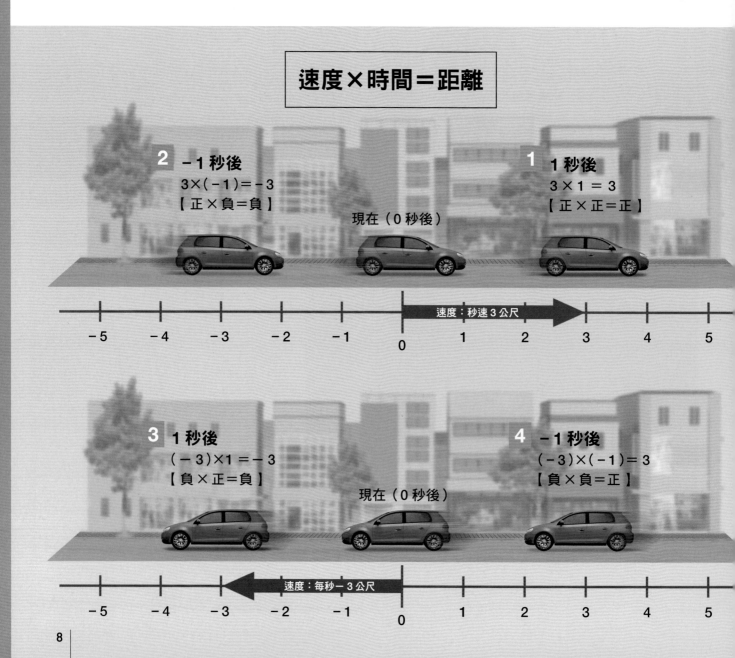

速度×時間＝距離

2 －1秒後
3×（－1）＝－3
【正×負＝負】

1 1秒後
3×1＝3
【正×正＝正】

現在（0秒後）

速度：秒速3公尺

－5　－4　－3　－2　－1　0　1　2　3　4　5

3 1秒後
（－3）×1＝－3
【負×正＝負】

4 －1秒後
（－3）×（－1）＝3
【負×負＝正】

現在（0秒後）

速度：每秒－3公尺

－5　－4　－3　－2　－1　0　1　2　3　4　5

正＝負）。

　而這部車在１秒前應位於右方３公尺處 ❹。代入「速度×時間＝距離」之後，便可得到「（－３）×（－１）＝３」。故「負×負＝正」。

　由以上例子理解負數乘法為何如此之後，就可以將「負×負＝正」當作「數學的規則」背下來了。除了前面提到的「速度×時間＝距離」這種物體運動之外，「負×負＝正」也適用於許多例子，應用範圍很廣泛。因此，數學便採用了「負×負＝正」這個規則。

乘上－1相當於 數線上的180°旋轉

　另外，建議可以把「乘上－１」想成是「將數線上的某數以原點為中心反轉（旋轉180°）」，如下圖。譬如將某數「乘上－８」時，先將－８分解成「（－１）×８」，然後「將該數以原點為中心反轉，再拉開該數與原點的距離，變為原來的８倍」。若能習慣這樣的思路，之後提到「虛數」的概念時，也能馬上理解。

正數與負數的乘法

左頁以汽車的移動為例，說明正數與負數的乘法該如何計算。右頁插圖則在說明「乘上－１」可以想成是在數線上「以原點為中心反轉」（180°旋轉）。

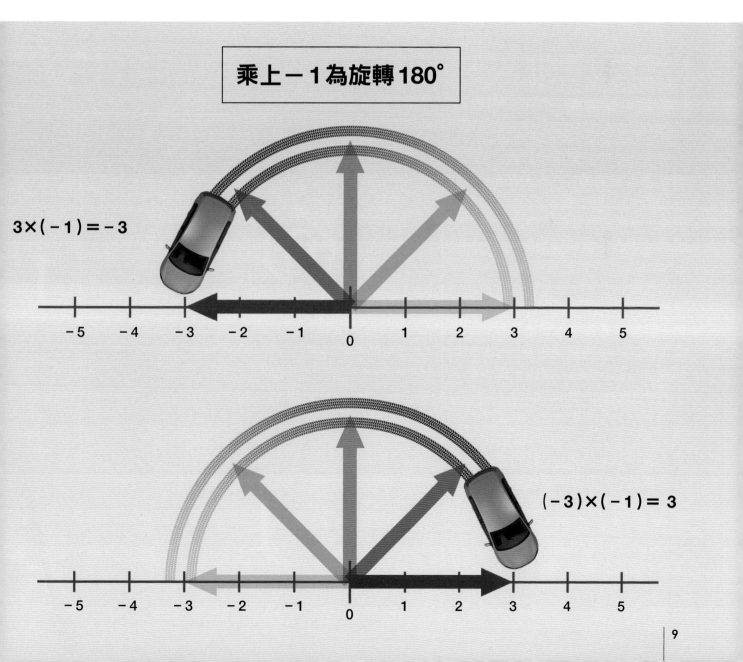

乘上－1為旋轉180°

$3 \times (-1) = -3$

$(-3) \times (-1) = 3$

正方形中藏著
「無法以整數分數表示的數」

小 學時我們學過 $\frac{3}{5}$ 這樣的分數。這種「分母與分子皆可以整數表示的分數」,稱作「有理數」(rational number)。6、−3等整數則可以寫成 $\frac{6}{1}$ 、 $-\frac{3}{1}$,所以它們也都是有理數。

如果用小數來表示有理數,那麼小數的部分可能有限,也可能會無限循環下去。譬如 $\frac{3}{5}$ 的小數為0.6,是有限小數。不過 $\frac{3}{7}$ 為0.428571428571428571……「428571」會無限循環下去。

小數部分不循環且無限延續下去的數,稱為「無理數」

另一方面,國中數學中會提到「無法以整數分數表示的數」,也就是「無理數」(irrational number)。用小數來表示無理數時,小數的部分會不循環地無限延伸下去,譬如圓周率 π (=3.14159……)就是無理數。

無理數並不是什麼特別的數。譬如正方形這種隨處可見的形狀中,就隱藏著無理數。邊長為1的正方形中,設對角線長為 x ,那麼依右頁上面的「畢氏定理」(Pythagorean theorem),可以得到 $x^2=1^2+1^2=2$ 。也就是說 x 是「平方後(相同數字相乘)會得到2的數」。我們會用 $\sqrt{2}$ (根號2)來表示這種數,而 $\sqrt{2}$ 是一個無理數,若是使用小數來表示 $\sqrt{2}$,我們就會得到1.41421356237309504 88……這樣不循環的無限小數。

以循環小數表示有理數的例子

$$\frac{3}{7} = 0.\underline{428571}\underline{428571}\underline{4285}$$

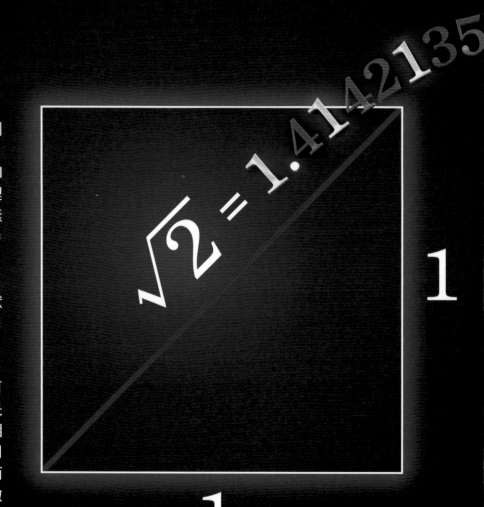

$$\sqrt{2} = 1.4142135$$

1

1

1

有理數與無理數

有理數的小數部分可能為有限小數，或者是循環的無限小數。另一方面，邊長為 1 的正方形中，對角線長為 $\sqrt{2}$，是一個無理數。無理數的小數部分為不循環的無限小數。下方插圖將小數中的不同數字分別以不同顏色表示。

28571428571……

畢氏定理

設直角三角形的斜邊長為 c，另外兩邊的邊長分別為 a、b，那麼
$$c^2 = a^2 + b^2$$
必定成立。因為這是由三個數的平方（自己乘自己，或稱作二次方）組成的等式，所以也稱為「三平方定理」。我們一般則稱之為「畢氏定理」。

反過來說，如果三角形的三邊長 a、b、c 滿足 $c^2 = a^2 + b^2$ 這個等式，那麼該三角形就是個以 c 為斜邊的直角三角形。

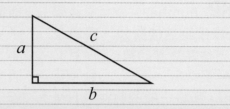

無理數在小數點以下不循環，且會無限延伸下去。

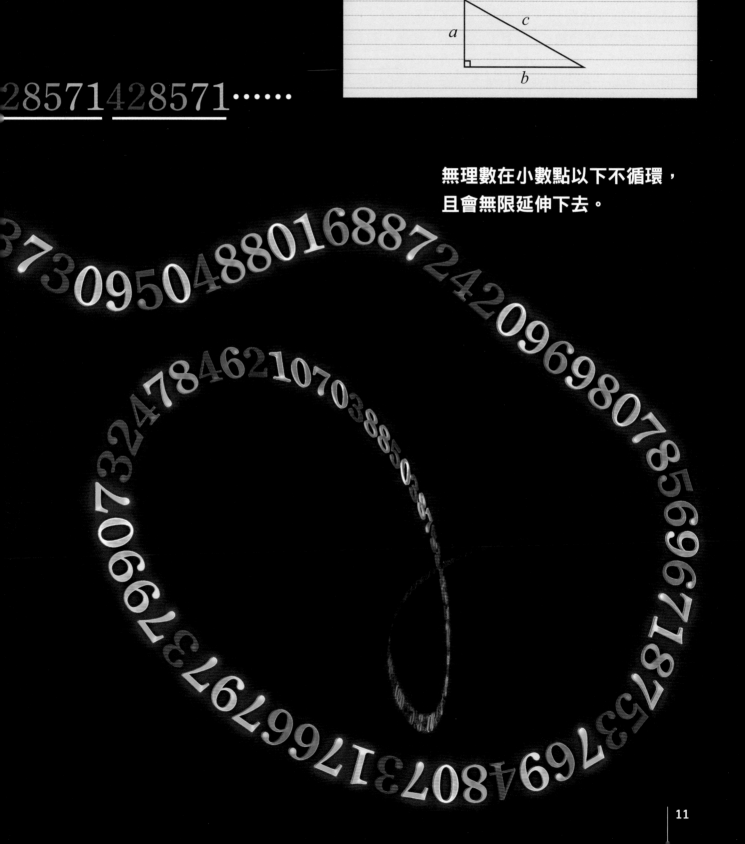

與其說虛數是「不存在的數」，不如說它是「二維數」，是科學的必備工具

「**虛**數」（imaginary number）是高中數學中最具代表性的難題。虛數是「平方後為負數的數」，而且又因為「正×正＝正」、「負×負＝正」，所以一般的數在平方後不可能會是負數。不過高中會提到滿足「$i^2 = -1$」的數 i，稱這個 i 為「虛數單位」。

虛數常被解釋成「不存在的數」或是「想像中的數」。事實上即使是整數，也不存在於我們周圍。譬如當我們說「5 顆橘子」的時候，也無視了橘子的大小、甜度、有無損傷等「各別個體的特性」，而是依照人類的定義，數出 1 個、2 個。也就是說，「數」原本就只存在於人類腦中，是用來描述周圍現象的抽象概念，不存在於真實世界。所以如果把虛數想成是「不存在的數」，反而會妨礙理解。

事實上，虛數可以說是科學上不可或缺的工具。譬如當我們想用數學式表示光與聲音等「波」的時候，就會用到虛數[1]。若擴張數的概念，定義虛數是「平方後為負的數」，便可以讓各種計算方便許多，所以許多數學家與科學家都能接受虛數的概念。

有理數與無理數合稱為「實數」。實數是一維數線上的點。而包含虛數單位 i 的「$a + bi$」，

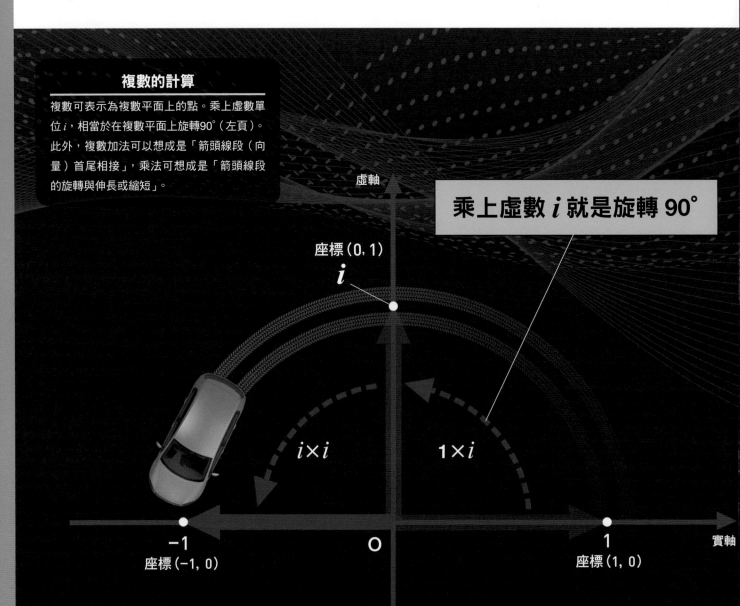

複數的計算

複數可表示為複數平面上的點。乘上虛數單位 i，相當於在複數平面上旋轉90°（左頁）。此外，複數加法可以想成是「箭頭線段（向量）首尾相接」，乘法可想成是「箭頭線段的旋轉與伸長或縮短」。

虛軸

乘上虛數 i 就是旋轉 90°

座標(0, 1)

i

$i × i$

$1 × i$

−1
座標(−1, 0)

0

1
座標(1, 0)

實軸

我們則稱作「複數」（a、b為實數）[2]。a稱作「實部」，b稱作「虛部」。

在複數平面上「乘上i」相當於「旋轉90°」

實數是「一維數」，複數則可想成是跳出數線的「二維數」。橫軸是實部的軸（實軸），縱軸是虛部的軸（虛軸），那麼複數$a+bi$就可以表示平面上（稱作複數平面或高斯平面）的座標點(a, b)。舉例來說，因為i的$a=0$、$b=1$，故可對應到複數平面上$(0, 1)$這個點（如左頁插圖）。1為點$(1, 0)$、-1為點$(-1, 0)$。

因為$1 \times i = i$，所以「乘上i」的計算在複數平面上就相當於「將某數以原點為中心旋轉90°」。

i再乘上i會得到-1，這是因為$(0, 1)$旋轉90°後，會移動到$(-1, 0)$。我們曾在第9頁提到乘上-1相當於「將數線上的某數以原點為中心反轉（旋轉180°）」。由於$-1 = i^2 = i \times i$，所以乘上一次i可以想成是旋轉180°的一半，也就是旋轉90°。綜上所述，複數的計算可以想成是「點在複數平面上的移動」。詳情請參考以下的「複數加法」與「複數乘法」。

※1：舉例來說，我們會用$F = Ae^{i\omega t}$這種含有虛數單位i的式子，表示波或振動。F是受力，A是波的振動幅度（振幅）、ω與每秒振動次數有關（角頻率）、t是時間、e是自然對數的底數（自然底數）。

※2：$b = 0$時為實數，故實數也屬於複數。另外，非實數的複數稱作「虛數」，其中當$a = 0$時（也就是bi），稱作「純虛數」。

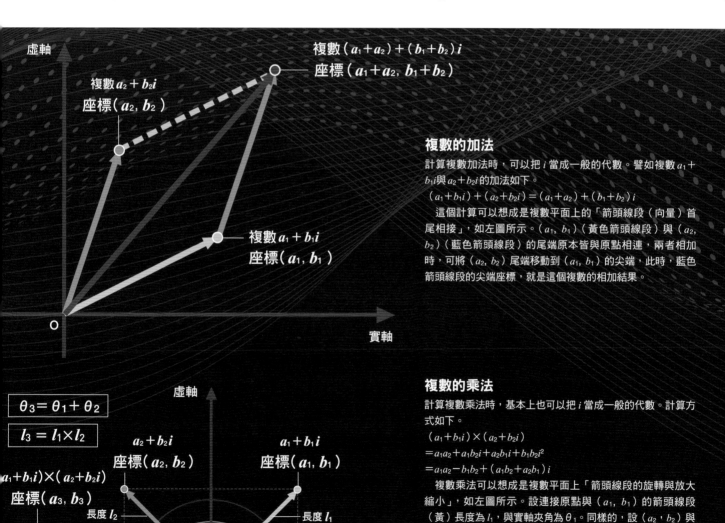

複數的加法

計算複數加法時，可以把i當成一般的代數。譬如複數$a_1 + b_1 i$與$a_2 + b_2 i$的加法如下。

$(a_1 + b_1 i) + (a_2 + b_2 i) = (a_1 + a_2) + (b_1 + b_2) i$

這個計算可以想成是複數平面上的「箭頭線段（向量）首尾相接」，如左圖所示。(a_1, b_1)（黃色箭頭線段）與(a_2, b_2)（藍色箭頭線段）的尾端原本皆與原點相連，兩者相加時，可將(a_2, b_2)尾端移動到(a_1, b_1)的尖端，此時，藍色箭頭線段的尖端座標，就是這個複數的相加結果。

複數的乘法

計算複數乘法時，基本上也可以把i當成一般的代數。計算方式如下。

$(a_1 + b_1 i) \times (a_2 + b_2 i)$
$= a_1 a_2 + a_1 b_2 i + a_2 b_1 i + b_1 b_2 i^2$
$= a_1 a_2 - b_1 b_2 + (a_1 b_2 + a_2 b_1) i$

複數乘法可以想成是複數平面上「箭頭線段的旋轉與放大縮小」，如左圖所示。設連接原點與(a_1, b_1)的箭頭線段（黃）長度為l_1，與實軸夾角為θ_1。同樣的，設(a_2, b_2)與相乘結果(a_3, b_3)的長度分別為l_2、l_3，與實軸夾角為θ_2、θ_3。那麼連接(a_3, b_3)與原點之箭頭線段（紅）的長度就是$l_3 = l_1 \times l_2$（相當於箭頭線段的伸長或縮短），與實軸的夾角就是$\theta_3 = \theta_1 + \theta_2$（相當於箭頭線段的旋轉）。

數列

規劃資產配置與償還貸款時，需要「等比數列」的知識

規劃存款、股票等資產配置或償還房貸時，須用到「利率」。而利率的相關計算，需要「數列」的知識。

數列就是排成一列的數。譬如「1, 2, 4, 8, 16, 32, ……」。數列的第一個數稱為「首項」，前述數列中的每個數都是前一個數的 2 倍。這種相鄰兩項間存在固定倍率（公比）的數列，稱為「等比數列」。設等比數列的首項為 a_1、公比為 r，那麼第 n 項（一般項：數列可以用常數與 n 的關係式來表示者，又稱為通項）a_n 可由以下計算得到：

$$a_n = a_1 r^{n-1}$$

如圖，假設一項投資的本金為100萬元，年利率為20%，以複利的方式進行計算。年利率20%意為 1 年後可獲得本金20%的利息。而複利則是指利息會併入本金，使明年的利息收入增加（若為單利，則只有最初的本金會產生利息）。將每年的資產寫成數列後，可以得到首項為100（單位為「萬元」），公比為1.2的等比數列如下。

100, 120, 144, 172.8, 207.36……

由一般項的公式可以知道，第 n 年（$n-1$ 年後）的資產為 $100 \times (1.2)^{n-1}$，所以第10年（9 年後）的資產約為516萬元，第20年的資產約為3195萬元。因為前一年以前的利息，都可在未來產生利息，所以利息會一年比一年多。

同樣是年利率，複利與單利卻有很大的差異！

當年利率20%為單利時，每年資產可寫成以下數列：

100, 120, 140, 160, 180……

這種相鄰兩項相差固定數值的數列，稱作「等差數列」。設等差數列的首項為 a_1、公差為 d，那麼第 n 項（一般項）a_n 可由以下計算得到

$$a_n = a_1 + (n-1)d$$

由一般項的公式可以知道，第 n 年的資產為 $100 + (n-1) \times 20$。所以第10年的資產為280萬元，第20年的資產為480萬元。與複利的情況相比，單利累積資產的速度顯然慢了許多。

運用複利，使資產隨時間急速增加

右方長條圖為本金100萬元，年利率20%，以複利計算時的每年資產（單位為「萬元」）。由圖可看出時間過得越久，利息呈急遽增加。

		1 年後	2 年後	3 年後
				約29
			24	24
本金 利息		20	20	20
數值單位為「萬元」	100	100	100	100
資產（等比數列）	100	120	144	172.8

等差數列求和的公式

設首項為 a_1，第 n 項為 a_n、公差為 d，那麼從首項到第 n 項的總和，可由以下公式求出。

$$S_n = \frac{n}{2}(a_1 + a_n)$$
$$= \frac{n}{2}\{2a_1 + (n-1)d\}$$

等比數列求和的公式

設首項為 a_1、公比為 r（$\neq 1$），那麼從首項到第 n 項的總和，可由以下公式求出。

$$S_n = \frac{a_1(r^n - 1)}{r - 1}$$

	4 年後	5 年後	6 年後	7 年後	8 年後	9 年後
						約86
					約72	約72
				約60	約60	約60
			約50	約50	約50	約50
		約41	約41	約41	約41	約41
	約35	約35	約35	約35	約35	約35
	約29	約29	約29	約29	約29	約29
	24	24	24	24	24	24
	20	20	20	20	20	20
	100	100	100	100	100	100
	207.36	248.832	298.5984	358.31808	429.981696	515.978035

從『相似』的角度思考星星的亮度

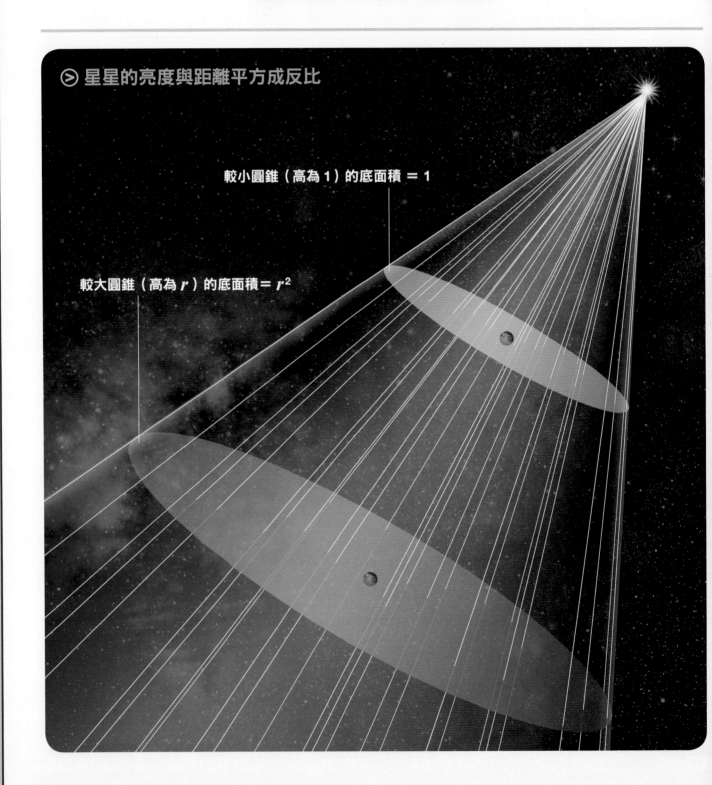

星星的亮度與距離平方成反比

較小圓錐（高為 1）的底面積 ＝ 1

較大圓錐（高為 r）的底面積 ＝ r^2

恆星的亮度與「該恆星與地球之距離」的平方成反比。也就是說，如果把恆星移到2倍遠的地方，其亮度就會變成原本的4分之1。這稱為「平方反比定律」（inverse-square law）。事實上，除了亮度之外，自然界中還有許多遵守平方反比定律的事物，譬如重力（萬有引力）、靜電力（庫倫力）都遵守平方反比定律。平方反比定律普遍存在於自然界，與「相似圖形的面積比」有關。

瞭解「相似」後，就能從影子長度計算出樹高

如果將一個圖形旋轉、平移之後，可以和另一個圖形完全重疊，我們便說這兩個圖形「全等」。如果除了旋轉、平移之外，還須要放大、縮小才能重疊的話，這兩個圖形間便是「相似」的關係。以三角形為例，下圖A的①組中，兩個三角形的兩角相等；②組的兩個三角形中，兩個邊的邊長比相等，且夾角相等；③組的兩個三角形中，三個邊的邊長比相等。只要符合上述三種情況之一，就可以說這兩個三角形相似。

相似的兩個圖形中，每組對應邊的長度比（相似比）皆相同。運用這個性質，就可以用影子長度來計算無法直接測量的樹高了。

下圖B中，設身高1.5公尺的小孩，影子長度為2公尺，樹的影子長度為6公尺。圖中兩個三角形皆為直角三角形，斜邊方向與太陽光照射方向一致（太陽光照射人與樹的角度相同），故滿足相似關係中「兩角相等」的條件，各邊長度比例應相等。設樹高為 x 公尺，那麼以下關係式成立。

$2 : 6 = 1.5 : x$ （$2 \div 6 = 1.5 \div x$）

可解出 $x = 4.5$。也就是說，樹高4.5公尺。

相似圖形的面積比為相似比的平方

相似圖形的面積比，則是相似比（邊長比）的平方。圖B中兩個三角形的相似比為 $2 : 6$，即 $1 : 3$；面積比則是 $1^2 : 3^2$，也就是 $1 : 9$。換言之，大三角形面積是小三角形的9倍。

左頁插圖中，來自同一個恆星的光芒形成兩個不同大小的圓錐。將小圓錐放大後，可以和大圓錐重疊，所以這兩個圓錐為相似形。設小圓錐的高為1，大圓錐的高為 r，那麼小圓錐的底面積與大圓錐的底面積比就是 $1^2 : r^2$，即 $1 : r^2$。也就是說，大圓錐底面積是小圓錐底面積的 r^2 倍。

另外，因為光是直線前進，通過這兩個圓錐底面的光量（圖中的光線數）會相同。大圓錐底面的光量與小圓錐底面的光量相同，光照面積卻是 r^2 倍，所以亮度會是 r^2 分之1倍。由以上推論可以知道，恆星亮度與距離（r）的平方成反比，即平方反比定律成立。重力與靜電力的平方反比定律也可以用相同的方式說明。 ✎

A：三角形的相似條件

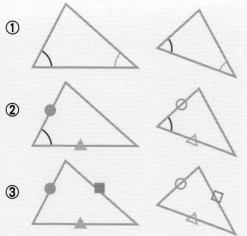

① ② ③

B：由影長求樹高的方法

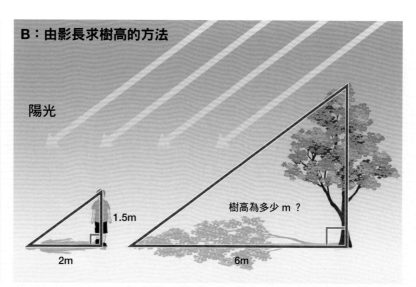

陽光

1.5m

樹高為多少 m ？

2m 6m

「向量」以數加上箭頭來表示。
風、海流、力、磁場都可視為向量

向量

我們在第12頁中提到複數是「二維數」。不過高中數學還學過另外一種「二維數」，那就是「向量」。為了與一般的數區分開來，會在字母上方加上箭頭（→），以$\vec{a}$的形式[1]來表示。從點A到點B的向量則可用$\overrightarrow{AB}$表示（下圖①）。

實數只有「大小」這個變量。向量是數量＋箭頭，所以除了大小之外，還有「方向」這個變量。風除了強度（風速）的差別外，還有方向的差別，就可以用向量來表示（如插圖）。海流等水流也可以用向量表示。

驅動物體的「力」是向量，物體的「速度」也是向量。這個世界上有許多量都是向量，所以物理學中很常出現向量的計算。

向量可用「座標」表示。如下圖①，將向量末端移到原點O（0，0）上，此時向量尖端的座標可用來表示這個向量（以橫軸x軸與縱軸y軸上的分量表示向量）。譬如①的$\vec{a}$可以寫成（a_1, a_2）。我們這裡談的是二維向量（平面上的向量），除此之外還存在有三個分量的三維向量（空間中的向量），以及更高維的向量。

地球重力的向量並非朝著「地球中心」

就像數一樣，向量也可以進行加法運算。譬如圖②的紫色向量$\vec{a}$＝（a_1, a_2），綠色向量$\vec{b}$＝（b_1, b_2），計算兩者的加法時，只要將兩向量的分量各自相加即可，即

$$\vec{a}+\vec{b}=(a_1+b_1, a_2+b_2)$$

同樣的，向量相減時為各分量相減。另外，$\vec{a}+\vec{b}$的計算方式如圖②所示，將$\vec{b}$的末端平移到$\vec{a}$的尖端，再將原點與平移後的$\vec{b}$末端連接起來，這個向量就是相加的結果（與複數加法相同）。

想計算受多個力作用之物體的運動時，向量加法有很大的用處。舉例來說，我們的身體受到來自地球，朝著地球中心的「萬有引力」吸引。另一方面，地球正在自轉，所以我們也會受到遠離自轉軸的「離心力[2]」影響，請參考右頁插圖。因此平常感受到的地球重力，可以用萬有引力與離心力相加得到的向量表示。由圖可以看出我們真正接受到的重力方向，與地球中心的方向之間略有偏差。

※1：有時候會將一般數寫成細體字a，向量寫成粗體字$\boldsymbol{a}$以做出區別。

※2：汽車過彎時，乘客會感覺到一股被甩出去的力，這也是離心力。離心力屬於「慣性力」，是假想力的一種。

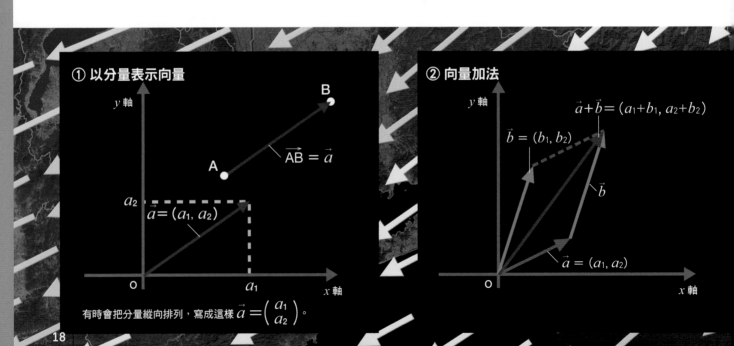

① 以分量表示向量

y軸

B

$\overrightarrow{AB}=\vec{a}$

A

a_2

$\vec{a}=(a_1, a_2)$

O a_1 x軸

有時會把分量縱向排列，寫成這樣$\vec{a}=\begin{pmatrix} a_1 \\ a_2 \end{pmatrix}$。

② 向量加法

y軸

$\vec{a}+\vec{b}=(a_1+b_1, a_2+b_2)$

$\vec{b}=(b_1, b_2)$

$\vec{b}$

$\vec{a}=(a_1, a_2)$

O x軸

以向量表示風

以向量表示日本關東地區周邊風場的示意圖。箭頭越長表示風越強。箭頭方向表示風的方向。電視節目中，有時會固定箭頭長度，改以顏色表示風的強度。

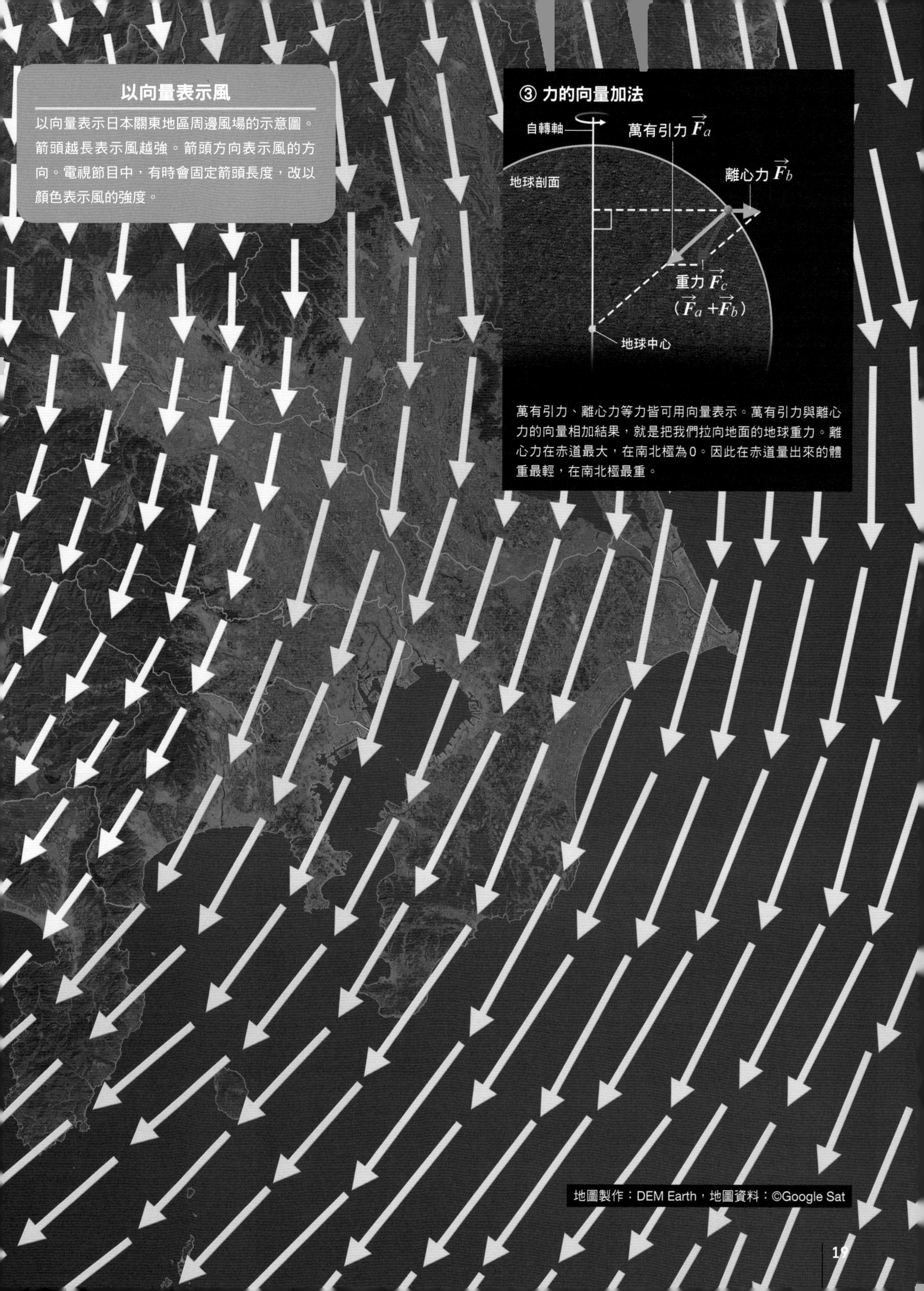

③ 力的向量加法

自轉軸
萬有引力 $\vec{F}_a$
離心力 $\vec{F}_b$
地球剖面
重力 $\vec{F}_c$
（$\vec{F}_a+\vec{F}_b$）
地球中心

萬有引力、離心力等力皆可用向量表示。萬有引力與離心力的向量相加結果，就是把我們拉向地面的地球重力。離心力在赤道最大，在南北極為0。因此在赤道量出來的體重最輕，在南北極最重。

地圖製作：DEM Earth，地圖資料：©Google Sat

計算「向量」與「矩陣」，讓遊戲角色能做出任意動作

像是「矩陣」這種「擴張的數」常常會和向量一起使用。向量是將幾個數排成一橫列或一縱行，矩陣則是將數排成方形，如下所示。

$$
\begin{array}{cc}
& \text{第1行} \quad \text{第2行} \\
\text{第1列} \rightarrow & \begin{pmatrix} 1 & 2 \\ 3 & 4 \end{pmatrix} \\
\text{第2列} \rightarrow &
\end{array}
$$

橫向數列稱作一「列」，縱向數列稱作一「行」。上方矩陣有兩列、兩行，為「2列2行矩陣」。矩陣中的列數與行數可以為任意正整數。

矩陣與向量之間可以「相乘」。譬如上方矩陣乘上（5，6）這個向量的結果如下。

$$
\begin{pmatrix} 1 & 2 \\ 3 & 4 \end{pmatrix}
\begin{pmatrix} 5 \\ 6 \end{pmatrix}
=
\begin{pmatrix} 1\times5+2\times6 \\ 3\times5+4\times6 \end{pmatrix}
$$

$$
=
\begin{pmatrix} 17 \\ 39 \end{pmatrix}
$$

依照紅、藍箭頭的順序，將各分量相乘再相加，就可以得到新向量的分量了。

上述乘法運算，可看成是將（5，6）這個向量乘上一個矩陣，得到新向量（17，39）。從座標的角度來看，矩陣就像是把（5，6）這個點移動到另一個點（17，39）。

接著來看下面這個矩陣。

$$
\begin{pmatrix} 0 & -1 \\ 1 & 0 \end{pmatrix}
$$

可以將座標平面上的所有點（向量）以原點為中心，逆時鐘旋轉 $90°$。這種矩陣稱為「旋轉矩陣」。欲旋轉 θ 角的旋轉矩陣如右頁圖中所示（須要用到第2章中提到的「三角函數」相關知識）。

近年來的電視遊樂器，可以讓玩家操控角色在三維地圖中自由移動，還可以上下左右自由旋轉視角（畫面）。事實上，這種操作可以透過電腦的向量與矩陣計算實現。舉例來說，只要將角色圖案資料（畫面上的哪個位置是什麼顏色）與旋轉矩陣進行適當計算，就可以自由旋轉角色了，如右頁所示。

矩陣加法

$$
\begin{pmatrix} a & b \\ c & d \end{pmatrix}
+
\begin{pmatrix} w & x \\ y & z \end{pmatrix}
=
\begin{pmatrix} a+w & b+x \\ c+y & d+z \end{pmatrix}
$$

矩陣乘法

$$
\begin{pmatrix} a & b \\ c & d \end{pmatrix}
\begin{pmatrix} w & x \\ y & z \end{pmatrix}
=
\begin{pmatrix} aw+by & ax+bz \\ cw+dy & cx+dz \end{pmatrix}
$$

矩陣相加（相減）時，須將各分量分別相加（相減）。

矩陣乘法請見上方範例，將第二個矩陣分成 $\begin{pmatrix} w \\ y \end{pmatrix}$ 及 $\begin{pmatrix} x \\ z \end{pmatrix}$ 兩個向量，然後將第一個矩陣分別乘上這兩個向量。一般實數的乘法中，「$5\times6=6\times5$」，交換順序後答案仍相同。但一般情況下，矩陣A與矩陣B相乘時，交換順序後會得到不同答案（特殊情況下會得到相同的答案）。也就是說，$AB \neq BA$。

用矩陣讓圖形動起來

示意圖中的矩陣乘法可以讓角色以原點為中心，旋轉 θ 角。右頁插圖為二維平面上的旋轉，是個相對單純的例子。不過近年來的遊戲多可讓角色在三維空間中自由活動，這就需要更複雜的計算了。

旋轉矩陣

$$\begin{pmatrix} x' \\ y' \end{pmatrix} = \begin{pmatrix} \cos\theta & -\sin\theta \\ \sin\theta & \cos\theta \end{pmatrix} \begin{pmatrix} x \\ y \end{pmatrix}$$

$$= \begin{pmatrix} x\cos\theta - y\sin\theta \\ x\sin\theta + y\cos\theta \end{pmatrix}$$

將上述的旋轉矩陣從左邊開始乘上向量 $\begin{pmatrix} x \\ y \end{pmatrix}$，可得到新的向量 $\begin{pmatrix} x' \\ y' \end{pmatrix}$。
點 (x', y') 是點 (x, y) 以原點O為中心，逆時鐘旋轉 θ 後得到的位置
（插圖）。

y軸

(x', y')

(x, y)

θ

x軸

O

影印紙中藏著 √2與√3

影印紙與筆記本的規格通常是A4與B4。若以A4的短邊（210毫米）為基準，設為1，那麼A4的長邊與B4的長邊會是短邊的幾倍呢？

設A4短邊為1，A4長邊是多少？

A4長邊為297毫米，所以是短邊的1.414……倍。看到這個數字時，你可能會眼睛為之一亮。沒錯，這個倍率就是√2，平方後會得到2，也稱為「2的平方根」。

另外，B4的長邊為364毫米，約為A4短邊的1.733倍，也就是大約√3倍。事實上，A4對角線也是短邊的√3倍，與B4長邊長度相同。

我們平常使用的影印紙，其實就隱藏著√2和√3。

為什麼會有√2和√3？

為什麼影印紙會有√2和√3呢？因為A、B系列的規格就是這樣訂出來的。

不只是A4，包括A3、B4在內，所有的A、B系列紙張中，長邊都是短邊的√2倍。將A4尺寸的長、短邊分別乘上√2倍後，就會得到A3的長、短邊。每乘上√2倍，就會變大一個尺寸。

影印機的放大功能中，很常用到「141%」這種不乾不脆的倍率。因為1.41倍≒√2倍，所以當我們想將A4尺寸的影像放大到A3時，就會用到這個倍率（此時面積會變成2倍）。

之所以會有√2這個數字，是因為A系列與B系列的面積存在比例關係。A系列中最大的A0，面積是1平方公尺。相對的，B系列中最大的B0，面積是1.5平方公尺。也就是說，B系列的面積是A系列的1.5倍，若轉換成長度比，則是1.5的平方根，即 $\sqrt{1.5} = \frac{\sqrt{3}}{\sqrt{2}}$。設A4的短邊為1，那麼B4的短邊就是 $\frac{\sqrt{3}}{\sqrt{2}}$。這個數字的√2倍就是長邊，所以B4長邊是A4短邊的√3倍。🪐

> **隱藏在 A4 與 B4 影印紙中的 √2與√3**

A4短邊 210 毫米

A4長邊 297 毫米

A4

B4短邊 257 毫米

B4長邊 364 毫米

B4

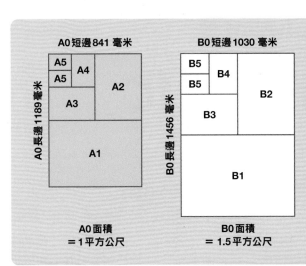

A0 短邊 841 毫米

A0 長邊 1189 毫米

A5
A4
A5
A3
A2
A1

A0面積
＝1平方公尺

B0 短邊 1030 毫米

B0 長邊 1456 毫米

B5
B4
B5
B3
B2
B1

B0面積
＝1.5平方公尺

A系列與B系列的尺寸
是如何決定的？

左邊的綠色長方形列出了A系列的最大尺寸A0。A0面積剛好是 1 平方公尺，並設定長邊為短邊的$\sqrt{2}$倍。A0面積的一半是A1、再一半是A2，依此類推，便可訂出A系列的各尺寸大小。所有尺寸的長邊皆為短邊的$\sqrt{2}$倍。

另一方面，右邊的黃色長方形列出了B系列的最大尺寸B0。B0面積為1.5平方公尺，是A0的1.5倍。其餘B系列尺寸的決定方式與長短邊的比與A系列相同。

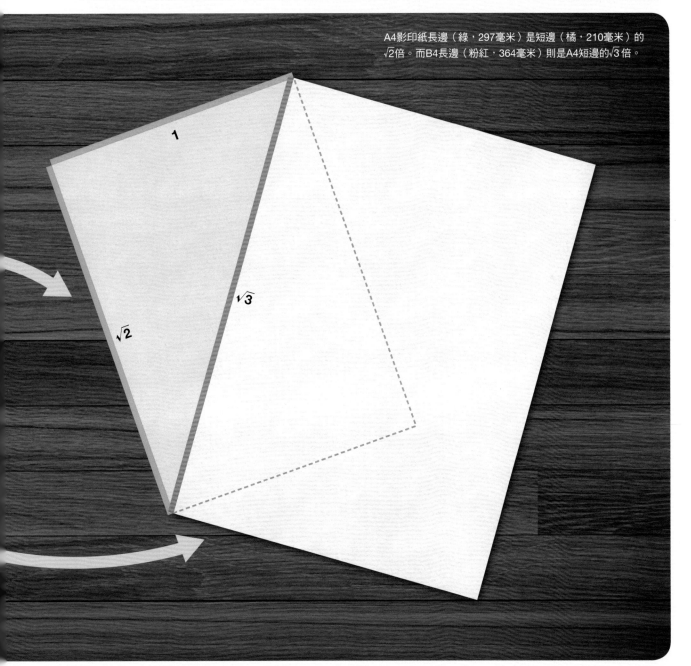

A4影印紙長邊（綠，297毫米）是短邊（橘，210毫米）的$\sqrt{2}$倍。而B4長邊（粉紅，364毫米）則是A4短邊的$\sqrt{3}$倍。

1

$\sqrt{3}$

$\sqrt{2}$

column3
乘法的視覺化

如果突然有人考你：「11111×11111是多少？」你能馬上回答出來嗎？如果現在沒辦法的話也沒關係，只要知道下圖這個漂亮的規則，以後就能夠馬上回答出來了。

像1、11、111這種由1排列而成的數就稱為「循環單位數」。下圖為幾個循環單位數自我相乘的答案。1×1＝1、11×11＝121、111×111＝12321。這些計算結果，有讓你發現什麼嗎？

沒錯，不管是哪個相乘結果，最高位數都是1，然後每低一位，數字就多1，正中央位數的數字最

循環單位數的乘法鑑賞

僅由1組成之「循環單位數」的自我相乘結果，有著漂亮規則。
右頁列出了「11111×11111」的直式計算過程，可以看出越靠近正中央位數，數字就越大。

$$1 \times 1 =$$

$$11 \times 11 =$$

$$111 \times 111 =$$

$$1111 \times 1111 =$$

$$11111 \times 11111 =$$

$$111111 \times 111111 =$$

$$1111111 \times 1111111 =$$

$$11111111 \times 11111111 =$$

$$111111111 \times 111111111 =$$

大，接下來位數的數字會越來越小，每低一位，數字就少1，直到變成1。而正中央的數字與原本循環單位數的位數相同。知道這一個規則後，就可以馬上回答出最初問題的答案了。11111是5位數的循環單位數，故可以馬上計算出11111×11111＝123454321。

畫出縱線橫線就能算出「132×211」的答案

右圖為「132×211」的視覺化結果。畫出1條、3條、2條縱線，表示132；再畫出2條、1條、1條橫線，表示211。接著如下圖所示，將這些線條的交叉數斜向相加，就可以得到27852的答案了。

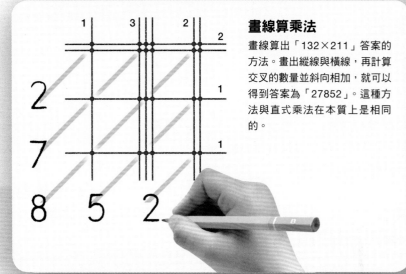

畫線算乘法

畫線算出「132×211」答案的方法。畫出縱線與橫線，再計算交叉的數量並斜向相加，就可以得到答案為「27852」。這種方法與直式乘法在本質上是相同的。

$$
\begin{array}{r}
11111 \\
\times\,11111 \\
\hline
11111 \\
11111 \\
11111 \\
11111 \\
11111 \\
\hline
123454321
\end{array}
$$

除法與齒輪

右圖為地球與木星公轉軌道的模型。圖中的地球與木星的轉軸分別接上齒輪,使兩者連動。在這個模型中,當木星繞太陽一圈時,地球會繞太陽幾圈呢?

由齒數間的除法可以算出齒輪轉了幾圈

木星轉軸上的齒輪A(齒數為14)轉1圈時,與A嚙合的齒輪B(齒數為6)會轉14個齒。14除以6為$\frac{14}{6}$,所以齒輪B會繞$\frac{14}{6}$圈。

與齒輪B同一個轉軸的齒輪C(齒數為66)轉一圈時,與C嚙合的齒輪D(齒數為13)會轉66個齒。66除以13為$\frac{66}{13}$,所以齒輪D會轉$\frac{66}{13}$圈。

綜上所述,木星(齒輪A)轉1圈時,齒輪B與C會轉$\frac{14}{6}$圈,地球(齒輪D)會轉$\frac{14}{6}\times\frac{66}{13}=\frac{154}{13}≒11.85$圈。也就是說,在這個模型中,木星繞太陽1圈須花費11.85年。木星實際的公轉周期約為11.86年。所

以由4個齒輪組合出來的這個模型,能一定程度重現出地球與木星的公轉情形。

不管是時鐘還是腳踏車,都可以把齒輪當作類比計算機

齒輪是類比時鐘的主角。秒針轉3600圈時,分針會轉$3600÷60=60$圈,時針會轉$60÷60=1$圈。因為齒輪間有除法般的關係,所以各指針才能依照這樣的規則轉動。

腳踏車也是齒輪的應用。另外,在電腦普及以前,人們會利用齒輪間的複雜組合,製作「手搖計算機」來做計算,因此可說齒輪是類比計算機。

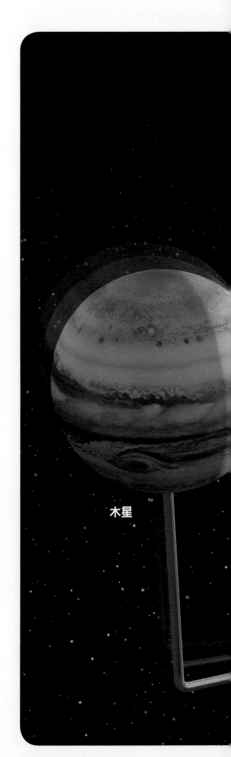

木星

▶ 木星繞太陽 1 圈時，地球會繞太陽幾圈？

插圖是以齒輪製作的行星公轉模型。彼此嚙合的齒輪在旋轉時，
會轉動同數目的齒，所以齒輪轉動的圈數可由齒數的除法求出。

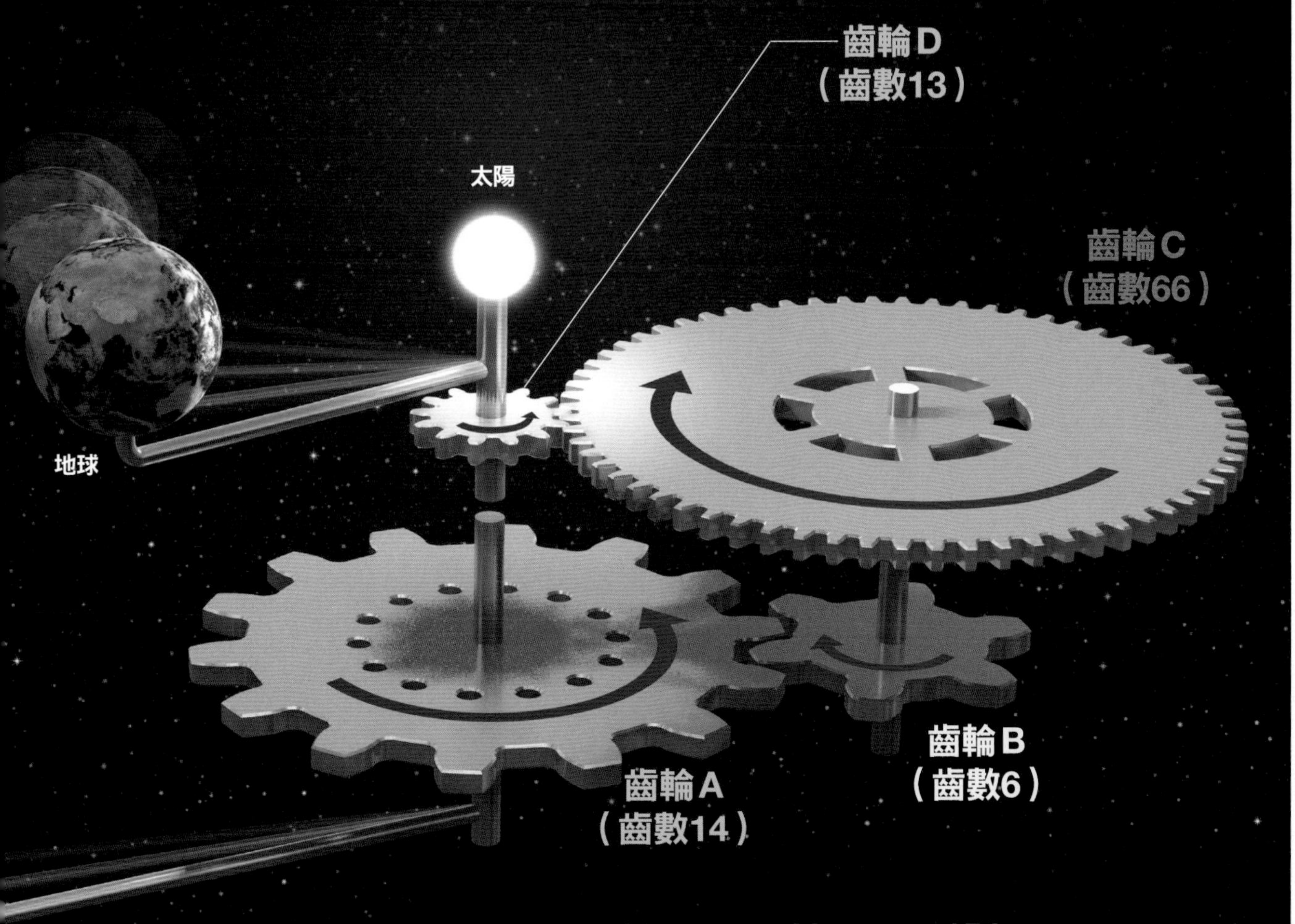

齒輪 D
（齒數13）

太陽

齒輪 C
（齒數66）

地球

齒輪 B
（齒數6）

齒輪 A
（齒數14）

$$
\text{木星繞太陽 1 圈時，} \atop \text{地球繞太陽的圈數} = \frac{14}{6} \times \frac{66}{13} = \frac{154}{13} \fallingdotseq 11.85 \text{ 圈}
$$

負數的登場在數學界是驚天動地的大事

我們已把負數的存在視為理所當然，但人類其實費了很大的工夫才接受負數這個概念。

可處理負數的中國古代計算工具

數原本是用來計量的工具，譬如1根香蕉、3顆蘋果等，這些數可以在腦中馬上浮現出對應的樣子。

但我們很難想像負1根香蕉、負3顆蘋果是什麼樣子。

因此，幾乎所有文明發展出來的計算方式都無法處理負數。不過，中國古代會使用名為「算籌」的棒狀計算工具，紅棒表示正數、黑棒表示負數。也就是說，中國古代的人們已有負數的概念了。

不過，中國古代的負數只會出現在計算過程中，計算的結果不會有負數。

首先認可負數為答案的是古印度人，他們會用負數來表示負債。負數大約誕生於7世紀。

歐洲一開始並不接受負數

印度發明的負數與零的概念，後來透過阿拉伯人傳到了歐洲。

在米蘭的醫師兼數學家卡爾達諾（Girolamo Cardano，1501～1576）寫下《大術》（*Ars Magna*）後，虛數才開始受到人們注意。在這本著作中，卡爾達諾介紹了「平方後為負數的數」，也就是虛數。

他的著作中介紹了這樣的問題：

「設有兩個數，兩數相加為10，相乘為40。那麼這兩個數分別是多少？」首先考慮5與5的組合。兩者相加為10，但相乘為25，與題目條件不合。

接著考慮「比5大x的數」與「比5小x的數」的組合，假設兩數相乘得40，試尋找這兩個數。

兩數分別可寫成$5+x$與$5-x$。

以國中學到的公式（$a+b$）

▷ 虛數一直不被眾人認可

⊙ 卡爾達諾寫下的答案

$$5\ P:Rm:15$$
$$5\ m:Rm:15$$

$$5+\sqrt{-15}$$
$$5-\sqrt{-15}$$

上方為卡爾達諾在《大術》中提到之問題的答案。在他那個時代不是用 √（根號）表示平方根，而是用「Rx」的符號表示。R 源自拉丁語的「根」，Radix。正號為「p:」，負號為「m:」，若改以現代方式書寫，可得右上式子。卡爾達諾寫道：「如果無視精神上的折磨，可得二數相乘的答案為40，這樣

確實可滿足條件。」不過他也說：「這只是詭辯。即使探討如此微妙的數學，卻沒有實際用途。」看來即使他利用虛數寫出了答案，仍未接受虛數的存在。

$(a-b)=a^2-b^2$，可以得到乘法的答案為 $(5+x)(5-x)=5^2-x^2$ $=25-x^2$。

就實數而言，這裡的 x^2 必定為正數。因為正數的平方是正數，負數的平方也是正數。也就是說「平方後為負數」的數不存在。

因此，$25-x^2$ 必為小於25的數。由此可知，不管 x 是多大的數，$25-x^2$ 都不可能會是40。也就是說，卡爾達諾的問題沒有答案。就國中以前學到的數學來說，「無解」就是正確答案。

不過，如果考慮虛數的話，這個本應無解的問題就有答案了。

卡爾達諾在書中提到，答案是

「$5+\sqrt{-15}$」與「$5-\sqrt{-15}$」，又說「如果無視精神上的折磨，可得二數相乘的答案為40，這樣確實可滿足條件」。對於不曉得虛數存在的卡爾達諾來說，這可以說是相當前衛的想法。

終於明白負數 的重要

不過，歐洲人仍難以認同負數的存在。法國的哲學家暨數學家笛卡兒（René Descartes，1596～1650）發現沒辦法在圖上描繪負數的平方根，所以就將虛數命名為有負面意義的nombre imaginaire

（虛構的、想像中的數）。事實上，這正是虛數英語「imaginary number」的語源。在此之後，陸續有許多數學家投入虛數的研究。讓世人瞭解到虛數重要性的關鍵人物，是瑞士數學家歐拉（Leonhard Euler，1707～1783）。

常用數學重要公式

這裡列出了在國高中數學範圍內，但本章未能提及的重要數學公式。

① 多項式的計算公式

Ⓐ $(x+a)^2 = x^2 + 2ax + a^2$　　Ⓑ $(x-a)^2 = x^2 - 2ax + a^2$

Ⓒ $(x+a)(x-a) = x^2 - a^2$　　Ⓓ $(x+a)(x+b) = x^2 + (a+b)x + ab$

以上公式中，由左而右的變形過程稱作「展開」，由右而左的變形過程稱作「因式分解」。因式分解的公式可應用在方程式求解。

例：$x^2 - 6x + 9 = 0 \rightarrow (x-3)^2 = 0 \rightarrow x = 3$

例：$x^2 - 4 = 0 \rightarrow (x+2)(x-2) = 0 \rightarrow x = -2, 2$

例：$x^2 - 5x + 6 = 0 \rightarrow (x-2)(x-3) = 0 \rightarrow x = 2, 3$

② 二次方程式的公式解

二次方程式 $ax^2 + bx + c = 0$ 的解可由以下公式求出（公式解）。

$$x = \frac{-b \pm \sqrt{b^2 - 4ac}}{2a}$$

另外，$ax^2 + bx + c = 0$ 的判別式如下（公式 $\sqrt{\ }$ 內的部分）。

$$D = b^2 - 4ac$$

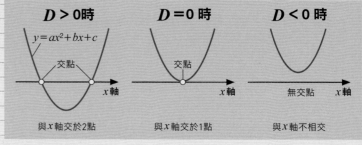

二次方程式 $ax^2 + bx + c = 0$ 的解，相當於 $y = ax^2 + bx + c$ 的圖形（拋物線）與 x 軸交點的 x 座標。判別式（Discriminant）$D > 0$ 時，圖形與 x 軸交於 2 點；$D = 0$ 時，圖形與 x 軸相切（交於 1 點）；$D < 0$ 時，圖形與 x 軸不相交。

二次方程式有幾個解（根），可由 D 的數值判斷，如下所示。

$D > 0$ 時，方程式有兩個相異實數解

$D = 0$ 時，方程式有一個實數解（兩個相等的重根）

$D < 0$ 時，方程式無實數解（有兩個共軛複數解※）

※：譬如 $a + bi$ 的共軛複數是 $a - bi$；$a - bi$ 的共軛複數是 $a + bi$。

例：$x^2 + 6x + 2 = 0$

$D = 6^2 - 8 = 28 > 0$（兩個實數解）

$x = \dfrac{-6 \pm \sqrt{6^2 - 8}}{2} = -3 \pm \sqrt{7}$

例：$4x^2 + 4x + 1 = 0$

$D = 4^2 - 16 = 0$（重根）

$x = \dfrac{-4 \pm \sqrt{4^2 - 16}}{8} = -\dfrac{1}{2}$

例：$x^2 + 2x + 3 = 0$

$D = 2^2 - 12 = -8 < 0$（兩個共軛複數解）

$x = \dfrac{-2 \pm \sqrt{2^2 - 12}}{2} = -1 \pm \sqrt{2}\,i$

③ Σ的計算公式

我們可以用 $\sum$（sigma），將數列 a_n 第 1 項到第 n 項之總和表示如下。

$$a_1 + a_2 + a_3 + \cdots + a_n = \sum_{k=1}^{n} a_k$$

$\sum_{k=1}^{n}$ 表示 $k=1$ 到 $k=n$ 的總和。

$\sum$ 的計算公式如下。

Ⓐ $\displaystyle\sum_{k=1}^{n}$（常數）$= n \times$（常數）

Ⓑ $\displaystyle\sum_{k=1}^{n} k = 1 + 2 + 3 + \cdots + n = \frac{1}{2} n(n+1)$

Ⓒ $\displaystyle\sum_{k=1}^{n} k^2 = 1^2 + 2^2 + 3^2 + \cdots + n^2 = \frac{1}{6} n(n+1)(2n+1)$

只要數列的一般項可以寫成多項式的形式，那麼我們就可以用 $\sum$ 的公式，計算出數列總和。

例：假設數列 a_k 的一般項可寫成 $a_k = k^2 + 2$，那麼此數列首項到第 n 項之總和可由以下公式求得。

$$\sum_{k=1}^{n} a_k = \sum_{k=1}^{n}(k^2+2) = \sum_{k=1}^{n} k^2 + \sum_{k=1}^{n} 2 = \frac{1}{6} n(n+1)(2n+1) + 2n = \frac{1}{6} n\{(n+1)(2n+1)+12\}$$
$$= \frac{1}{6} n(2n^2 + 3n + 13)$$

④ 向量內積

向量 $\vec{a}$ 與向量 $\vec{b}$ 的「內積」，可想像成兩向量的乘法。設 $\vec{a} = (a_1, a_2)$，$\vec{b} = (b_1, b_2)$，那麼 $\vec{a}$ 與 $\vec{b}$ 的內積可以用「·」符號，表示成 $\vec{a} \cdot \vec{b}$，計算方式如下。

$$\vec{a} \cdot \vec{b} = a_1 b_1 + a_2 b_2 \cdots ☆$$

也可以寫成以下形式。

$$\vec{a} \cdot \vec{b} = |\vec{a}||\vec{b}|\cos\theta \cdots ★$$

$|\vec{a}|$ 為向量 $\vec{a}$ 的絕對值，表示 $\vec{a}$ 的長度，計算方式為 $|\vec{a}| = \sqrt{a_1^2 + a_2^2}$。另外，$\theta$ 是向量 $\vec{a}$ 與 $\vec{b}$ 的夾角，$\cos\theta$ 是三角函數中的 cosine（參考第 42 頁）。★公式的幾何學意義為「（$\vec{a}$ 在 $\vec{b}$ 方上的影子）×（$\vec{b}$ 的長度）」，請見右圖。

內積有許多應用，譬如物理學中計算對物體作「功」時，就會用到內積。力的向量 $\vec{F}$ 乘上物體的位移向量 $\vec{s}$，內積即 $\vec{F} \cdot \vec{s}$，就是功。對物體作功時，可增加物體的能量，或者產生熱。

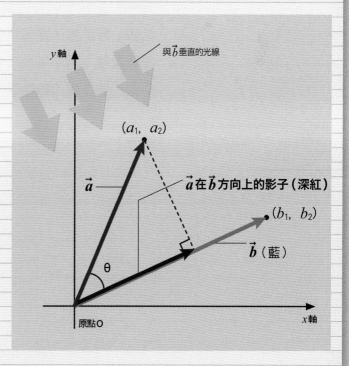

與 $\vec{b}$ 垂直的光線

y 軸

(a_1, a_2)

$\vec{a}$

$\vec{a}$ 在 $\vec{b}$ 方向上的影子（深紅）

(b_1, b_2)

$\vec{b}$（藍）

θ

原點O

x 軸

2 用「函數」與「三角函數」來預測看不見的東西

國中數學只會談「二次函數」這種相對簡單的函數，高中數學則會碰到「三角函數」、「指數函數」、「對數函數」等函數。理解這些函數的意義與性質，在高中課程中十分重要。第 2 章中，我們會用淺顯易懂的方式說明什麼是函數，並介紹函數在現代社會與科學中有什麼用途。

函數是用來「預測未來的裝置」。物理學運用函數預測未來

函數指的是「$y=2x^2+3x-5$」這種形式的式子。一般會比喻成「將材料（x值）放入，經加工（對x的計算）後，可以輸出產品（y值）的裝置」，如右頁上方的圖所示。

舉例來說，將球往正上方丟出，假設x是自丟出瞬間算起經過的時間（秒），y是自丟出位置算起的球高度（公尺），那麼由$y=-4.9x^2+10x$這個式子，將任意數值代入x，就可以得到該時間點的球高度（這個函數描述的是，將球以每秒10公尺的初速往正上方拋出的情況）。所以我們可以把函數當成「預測未來的裝置」。

找出物理現象的函數，是物理學的目的之一

讓我們來看看另一個例子。假設插圖中的打者在揮擊的瞬間，球的初速為每秒40公尺（每小時144公里），球飛出角度不同時，我們可以由函數及其圖形描述不同的飛行軌跡。x為自打擊處算起的水平方向距離（公尺），y為自打擊處算起的垂直方向距離（公尺）。這些函數皆可由物理學的「力學」知識推導出來。由這些圖可以看出在角度為45°時，球可以飛得最遠。因此，知道如何導出這些函數後，即使沒有實際打擊，也可以預測球的軌跡。

不只是物體的運動，包括水或空氣的流動、電路中的電流、原子吸收或放出光的行為，世界上各式各樣的現象都可透過物理闡明其機制，物理學可說是能預言未來的一門學問。而在物理學的探討過程中，很常用函數來描述現象，即使說「物理學最大的目的之一就是找出可以描述現象的函數」也不為過。

不只是物理學，統計學與經濟學也會用到函數，像試算表軟體Excel就會頻繁用到函數。函數在社會上隨處可見，甚至可以說函數支撐著我們的生活。

以函數預測球的運動

右頁上方為函數的示意圖。輸入材料（x值）後，會輸出產品（y值）。要注意的是，輸入特定的x值時，函數須輸出唯一的y值。

右圖中，設打者擊球時，球的初速為每秒40公尺，隨著打擊角度不同，球的軌跡也不一樣，圖中畫出了各種軌跡的函數與圖形。當擊出角度為45°時，球飛得最遠。其中，為了簡化計算，這裡忽略空氣的影響。

y軸

50

垂直方向距離（公尺）

O

初速為每秒40公尺

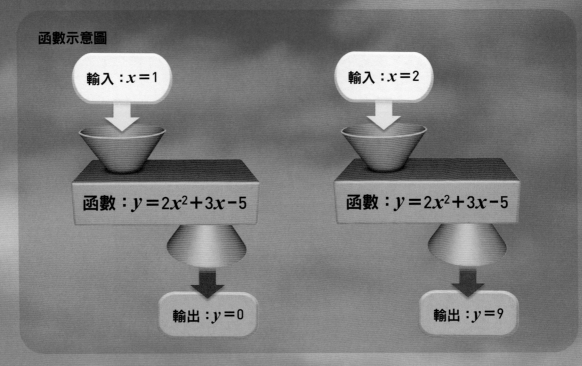

函數示意圖

輸入：$x = 1$

函數：$y = 2x^2 + 3x - 5$

輸出：$y = 0$

輸入：$x = 2$

函數：$y = 2x^2 + 3x - 5$

輸出：$y = 9$

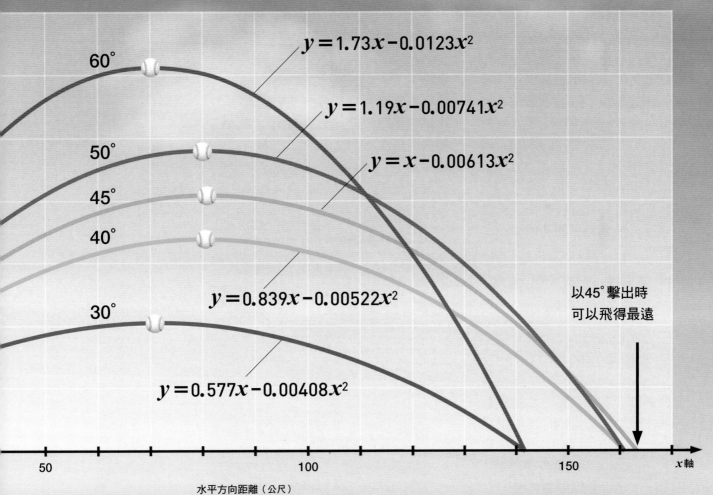

60°

$y = 1.73x - 0.0123x^2$

$y = 1.19x - 0.00741x^2$

$y = x - 0.00613x^2$

50°

45°

40°

$y = 0.839x - 0.00522x^2$

以45°擊出時
可以飛得最遠

30°

$y = 0.577x - 0.00408x^2$

50   100   150 x軸

水平方向距離（公尺）

傳染病的恐怖之處在於「呈指數函數增加」

新冠病毒（COVID-19）讓世界深陷混亂漩渦中。傳染病的恐怖之處在於，病患數會「呈指數函數增加」。所謂指數函數增加是指在某固定期間內會增加常數倍（a倍）。若以數學式表示，可以寫成$y=a^x$的形式（a為1以外的正實數）。a稱為指數函數的「底數」。

指數函數增加的恐怖超乎一般人的想像。舉例來說，假設一開始只有一個細菌（新冠肺炎不是細菌，而是病毒，只有一個基因，無法自己繁殖。侵入生物體或細菌後，會利用細胞內的物質來繁殖後代），而這種細菌會以1天增為2倍的速度增殖，那麼40天後細菌會增加到多少個呢？將40代入$y=2^x$的x後，就可以得到答案了，這個答案是1兆零995億1162萬7776（實際上會受限於食物量與空間大小，不會增殖得那麼快）。

R₀值稍有差異，新病患數就會完全不同

因為新冠病毒的流行，新聞裡也經常提到「R₀值」（basic reproduction number），這個數值代表傳染數（意為基本傳染數或基本再生數），表示「1名病患平均會傳染給幾個人」[※]。如果說R₀值大於1，疫情就會擴散；R₀值小於1，疫情就會收斂。

在$y=a^x$這個指數函數中，a的數值稍有改變，函數增加的速度就會一口氣劇烈成長。右圖中列出各種R₀值（相當於$y=a^x$中的a值）下，新病患（y值）增加的情況（這是簡化後的計算，實際的疫情擴散過程相當複雜）。

讓我們設時間點為$x=7$，比較不同a值下的新病患數吧（雖然這裡將x設為時間，不過不同傳染病所實際使用的時間間隔也不一樣）。當R₀為1.2時（$y=1.2^x$），新病患數約為3.6人；當R₀為1.4時（$y=1.4^x$），約為11人；當R₀為1.6時（$y=1.6^x$），約為27人；當R₀為1.8時（$y=1.8^x$），約為61人；當R₀為2.0時（$y=2.0^x$），高達128人。可以看出當R₀從1.2增加到2.0時，新病患數會大幅增長。面對新冠病毒這種傳染病，要是應對稍有懈怠，使基本再生數R₀（或有效傳染數Rt）稍有提升，那麼新病患數就很可能就會急遽增加。

※：傳染數可分成「基本再生數」（R₀）與「有效傳染數」（Rt：effective reproductive number）。基本再生數是假設所有人都沒有免疫力時的傳染數，相當於病原體本身的傳染力強度。另一方面，有效傳染數則是假設傳染病已擴散開來時的傳染數。因為防疫政策的推行，以及擁有免疫力的人逐漸增加，所以有效傳染數的值會隨著時間改變。

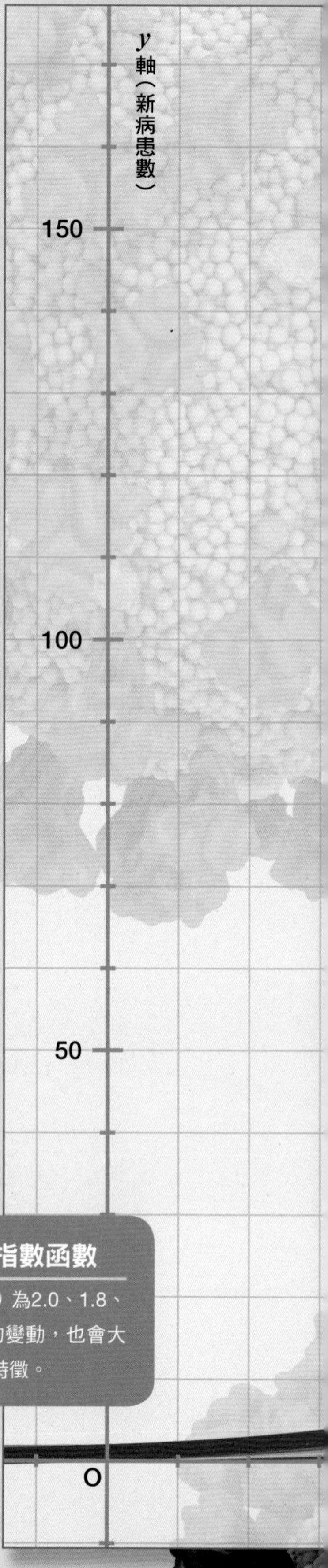

微小差異會造成結果落差很大的指數函數

指數函數的底數（相當於傳染病的基本再生數）為2.0、1.8、1.6、1.4、1.2時的圖形。即使底數只有小小的變動，也會大幅影響數值大小，這可以說是指數函數的一大特徵。

y軸（新病患數）

150

100

50

0

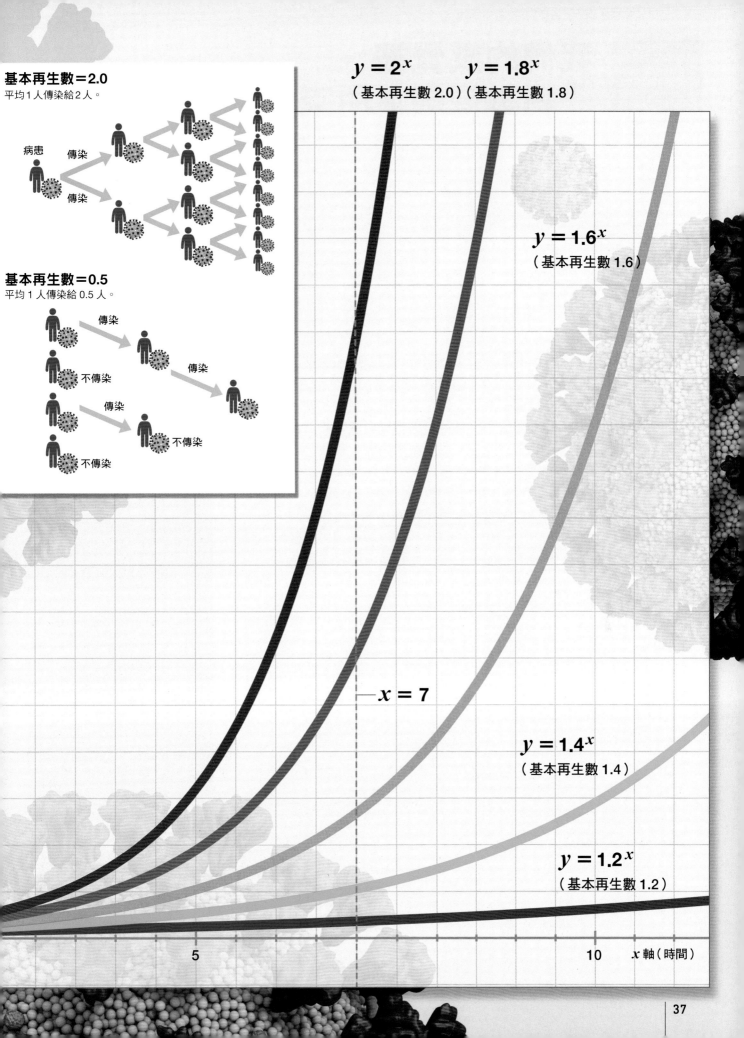

基本再生數＝2.0
平均1人傳染給2人。

病患　傳染

傳染

基本再生數＝0.5
平均1人傳染給0.5人。

傳染
不傳染　傳染
傳染　不傳染
不傳染　不傳染

$y=2^x$　　$y=1.8^x$
（基本再生數2.0）（基本再生數1.8）

$y=1.6^x$
（基本再生數1.6）

$x=7$

$y=1.4^x$
（基本再生數1.4）

$y=1.2^x$
（基本再生數1.2）

5　　　　　　　　　　　10　x軸（時間）

我們的感覺被「對數規則」所支配

「**對**數函數」（logarithmic function）與指數函數（exponential function）互相對應，可寫成 $y=\log_a x$ 的形式。log的下標 a 為「底數」，x 為「真數」（a 須為1以外的正數，x 須為正數）。$\log_a x$ 表示「a 的多少次方會等於 x」。譬如 $\log_3 27$ 就表示「3的多少次方會等於27」。因為3的3次方是27，所以 $\log_3 27=3$。

對數函數 $y=\log_{10} x$ 的圖形如右下圖所示。對數函數有個重要特徵，那就是 x 越大，曲線越平緩，這點與指數函數相反。舉例來說，設 $y=\log_{10} x$，當 $x=10$ 時，$y=1$；當 $x=100$ 時，y 只增加到2；要讓 y 增加到3，x 必須增加到1000才行。雖然曲線會越來越平緩，但 y 值卻不會收斂（趨近某固定數值）。當 x 一直無限增加下去時，y 也會一直無限增加下去（數學上會寫成「當 $x\to\infty$ 時，$y\to\infty$」。

當聲音強度變為原來的10倍時，我們卻感覺不到10倍的音量

以上說明可能只會讓人覺得「數學家又想出奇怪的函數了」。但事實上，對數函數近在你我周圍。包括聽覺、視覺、觸覺在內的感覺，都由對數函數支配。設感覺的強度為 E，造成感覺的刺激強度為 R，那麼 E 與 R 之間大致上存在著「$E=k\log_e R$（k 為常數，e 為自然對數的底數）」的關係。這個規則稱為「韋伯－費希納定理」（Weber-Fechner law）。

以聲音和聽覺的情況為例。聲音的本質是空氣振動往外擴散產生的波（聲波）。當聲波通過時，空氣壓力會時高時低，這樣的壓力變動會讓我們耳朵內部的鼓膜跟著振動，使我們感覺到聲音。壓力差（聲壓）越大，我們就會聽到越大的聲音。不過即使聲壓變成10倍，耳朵聽起來卻不會是10倍。因為我們對聲音的感覺，只會呈「對數函數增加」。

音量單位「分貝」（dB）常作為噪音的指標，這是考慮聽覺性質後定義出來的單位。當聲壓變成原本的10倍時，音量會增加20分貝。以數學式表示時，分貝量為 $20\log_{10}\left(\dfrac{P}{P_0}\right)$（$P$ 為某點的聲壓，P_0 為人類聽得到的最小聲壓：聽閾，標準參考聲壓值20微帕）。

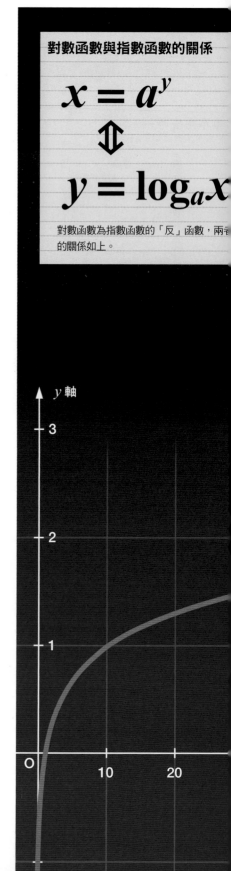

對數函數與指數函數的關係

$$x = a^y$$
$$\Updownarrow$$
$$y = \log_a x$$

對數函數為指數函數的「反」函數，兩者的關係如上。

y 軸

3

2

1

O   10   20

隨著刺激的增加，感覺會呈對數函數增加

右圖為對數函數 $y=\log_{10} x$ 的圖形。對數函數的特徵是 x 越大，曲線越平緩。刺激與我們的感覺之間有著對數函數的關係。

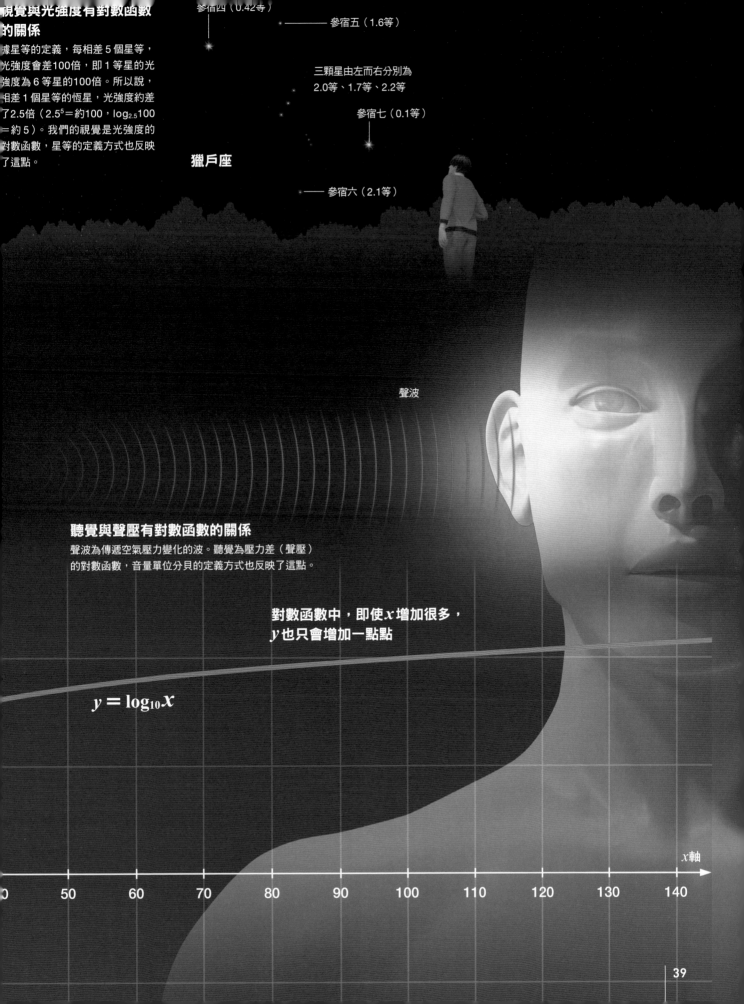

視覺與光強度有對數函數的關係

據星等的定義，每相差 5 個星等，光強度會差100倍，即 1 等星的光強度為 6 等星的100倍。所以說，相差 1 個星等的恆星，光強度約差了2.5倍（2.5^5＝約100，$\log_{2.5}100$＝約 5 ）。我們的視覺是光強度的對數函數，星等的定義方式也反映了這點。

參宿四（0.42等）

參宿五（1.6等）

三顆星由左而右分別為
2.0等、1.7等、2.2等

參宿七（0.1等）

獵戶座

參宿六（2.1等）

聲波

聽覺與聲壓有對數函數的關係

聲波為傳遞空氣壓力變化的波。聽覺為壓力差（聲壓）的對數函數，音量單位分貝的定義方式也反映了這點。

對數函數中，即使x增加很多，y也只會增加一點點

$$y = \log_{10}x$$

x軸

50　60　70　80　90　100　110　120　130　140

為了測量恆星的正確位置而有三角函數

想知道三角形的邊長時，用直尺一量便知。但如果三角形過於巨大，要直接測量就顯得困難許多。不過只要知道角度，不管是多大的三角形，都可以用相對簡單的方式量出邊長。

測量無法直接測量之距離的方法

古人注意到這點，就發明出了「三角測量」（triangulation）。這種測量方式是利用三角形的角度、邊長，測量無法直接測量的超長距離。

古人為了每天的農耕工作，須透過曆法掌握播種、收穫的時間點。製作曆法時，須正確描述某個恆星於不同季節的位置。於是天文學家便想像空中有一個膠囊般的天球，覆蓋住整個天空，各個恆星在天球上移動。

那麼，他們要如何掌握天球上各個恆星的正確位置呢？

由仰角與弦長
得知正確位置

古人會用三角測量掌握恆星的正確位置。觀測者會利用「恆星的仰角」與連結圓周上兩點之「弦長」，計算出正確的位置。

預先設定好天球大小的話，在知道恆星的仰角之後，就可以算出弦長。也就是由三角形的邊長比，算出恆星距離地面的高度。這種想法在現代三角函數中也會用到。

三角函數與天文學

插圖中有個正在觀察恆星的人。天球上的恆星會隨著季節而改變位置，古人便可透過恆星在天球上的位置，知道什麼時候該播種，並預測河川什麼時候會氾濫。為了得知恆星的準確位置，須使用三角測量來計算。

「弦」與「圓心角」

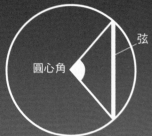

圓心角 ◁ 弦

將「仰角」的兩倍做為圓心角，那麼弦長的一半就是「恆星的高度」。

恆星

恆星高度（弦長的一半）

恆星軌道（天球上的圓弧）

仰角

90°

水平方向

三角函數不是「三角形的函數」，而是「圓的函數」

「三角函數」是高中數學的一個重要單元，會提到「和角公式」、「和差化積」、「倍角公式」等許多須要背誦的公式，應該有不少人覺得很煩人吧！不過三角函數是十分方便的數學工具，也是物理學、工程學等領域中的必備能力。

高中會先學到直角三角形的「三角形邊長比」（請參考右下角藍色框），接著再推廣到「三角函數」。不過，從三角函數的應用看來，把三角函數想成「圓的函數」或許比較恰當。事實上三角函數確實也被稱作「圓函數」。

三角函數可以想成是在圓上轉圈圈的點

請見右頁上方，考慮一個圓心為原點O，半徑為1的圓（單位圓）。單位圓上的任意點P與原點可連成線段OP，設OP與x軸的夾角為θ。此時點P的x座標是$\cos\theta$（cosine theta）、y座標是$\sin\theta$（sine theta）。這裡的$\cos\theta$與$\sin\theta$也是三角函數。當點P在圓上轉圈圈的時候，點P的座標一直都是$\cos\theta$與$\sin\theta$。除此之外，三角函數還有個$\tan\theta$（tangent theta），定義為$\tan\theta = \frac{\sin\theta}{\cos\theta}$。

高中數學所提到的角度，通常會以「弧度」表示。1圈360°寫成弧度時為2π（π為圓周率3.14）。弧度指的是「對於半徑1的圓中某角度所對應的弧長」。以弧度表示時，360°為2π、180°為π、90°為$\frac{\pi}{2}$、60°為$\frac{\pi}{3}$、45°為$\frac{\pi}{4}$、30°為$\frac{\pi}{6}$。

可視為圓函數的三角函數

這裡說明了「三角形邊長比」與「三角函數」的差別。將三角形邊長比推廣到適用於任何角度時，就是所謂的三角函數。另外，由三角函數的定義可以知道，$\sin\theta$與$\cos\theta$的數值都應介於-1到1之間。

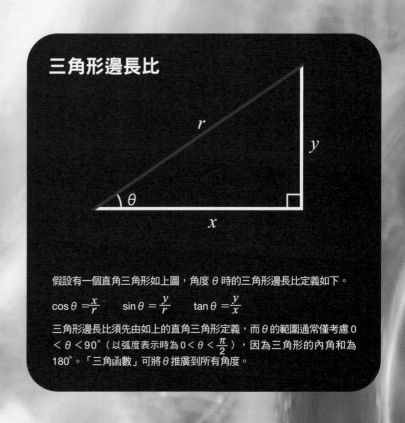

三角形邊長比

假設有一個直角三角形如上圖，角度θ時的三角形邊長比定義如下。

$$\cos\theta = \frac{x}{r} \qquad \sin\theta = \frac{y}{r} \qquad \tan\theta = \frac{y}{x}$$

三角形邊長比須先由如上的直角三角形定義，而θ的範圍通常僅考慮$0 < \theta < 90°$（以弧度表示時為$0 < \theta < \frac{\pi}{2}$），因為三角形的內角和為180°。「三角函數」可將θ推廣到所有角度。

三角函數

設半徑 1 的圓周上有一動點P。P與原點O的連線線段，與 x 軸夾角為 θ，那麼點P的 x 座標是 $\cos\theta$、點P的 y 座標是 $\sin\theta$。θ 可以是任意數值。

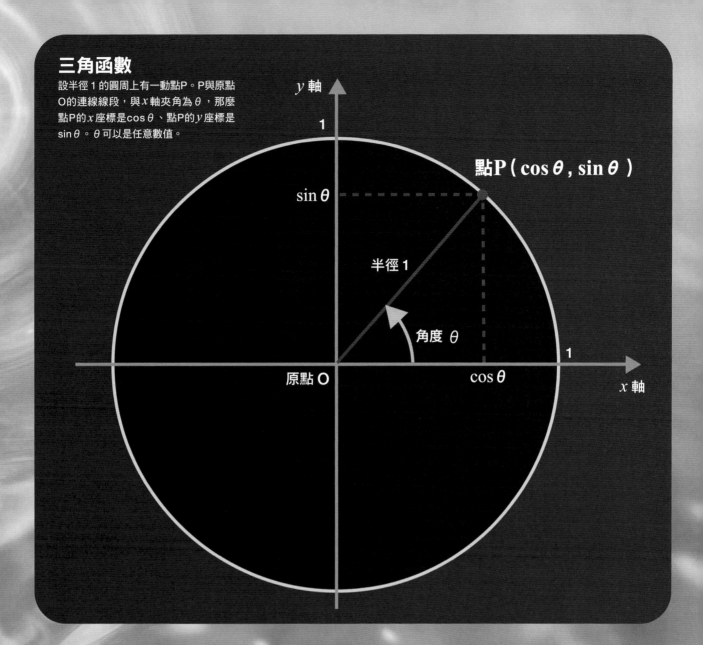

y 軸

點P ($\cos\theta$, $\sin\theta$)

$\sin\theta$

半徑 1

角度 θ

原點 O

$\cos\theta$

x 軸

三角函數值的例子

每個點P的 x 座標皆為 $\cos$，y 座標皆為 $\sin$。

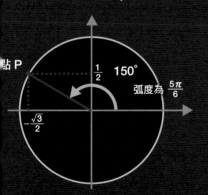

點 P

$\dfrac{1}{2}$ 150°

弧度為 $\dfrac{5\pi}{6}$

$-\dfrac{\sqrt{3}}{2}$

$$\cos150° = -\frac{\sqrt{3}}{2} \qquad \sin150° = \frac{1}{2}$$

$$\cos\frac{5\pi}{6} = -\frac{\sqrt{3}}{2} \qquad \sin\frac{5\pi}{6} = \frac{1}{2}$$

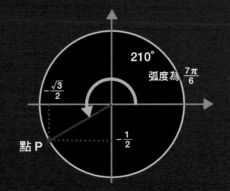

210°

弧度為 $\dfrac{7\pi}{6}$

$-\dfrac{\sqrt{3}}{2}$

$-\dfrac{1}{2}$

點 P

$$\cos210° = -\frac{\sqrt{3}}{2} \qquad \sin210° = -\frac{1}{2}$$

$$\cos\frac{7\pi}{6} = -\frac{\sqrt{3}}{2} \qquad \sin\frac{7\pi}{6} = -\frac{1}{2}$$

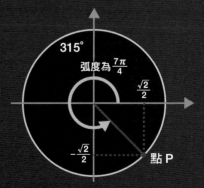

315°

弧度為 $\dfrac{7\pi}{4}$

$\dfrac{\sqrt{2}}{2}$

$-\dfrac{\sqrt{2}}{2}$

點 P

$$\cos315° = \frac{\sqrt{2}}{2} \qquad \sin315° = -\frac{\sqrt{2}}{2}$$

$$\cos\frac{7\pi}{4} = \frac{\sqrt{2}}{2} \qquad \sin\frac{7\pi}{4} = -\frac{\sqrt{2}}{2}$$

學會三角函數才能理解聲音、光、地震等「波」的性質

右圖為三角函數的sin與cos圖形，兩者皆為典型波的形狀。事實上，物理學常會用三角函數來表示「波」或「振動」。物體擁有的熱，就是原子或分子的振動；聲音是空氣振動擴散時產生的波；地震是地底下或地面的振動擴散時產生的波；光或電波則是電場※與磁場的振動往周圍擴散時產生的波。我們的周圍充滿了各種振動與波，為了要分析這些波的性質，便會用到三角函數。

假設有個東西以固定速率進行圓周運動，如果用光線從旁邊照射，使其投影在屏幕上（右插圖），應可看到該物的影子在上下振動。這種以圓周運動衍生而來的振動，稱作「簡諧運動」（simple harmonic motion）。掛在彈簧上的物體就會進行簡諧運動，這種振動傳遞給周圍的物體時，會讓周圍的物體產生稍有時間差的振動。這個振動會陸續傳遞給其他物體，這種現象便稱為波。

如同前一頁中提到的，我們可以用三角函數來描述圓周運動，所以也可以用三角函數來描述衍生自圓周運動的簡諧運動。由連續的簡諧運動形成的波，自然也能用三角函數來描述。

※：電場是由靜電力造成的空間性質。磁場則是由磁力造成的空間性質。

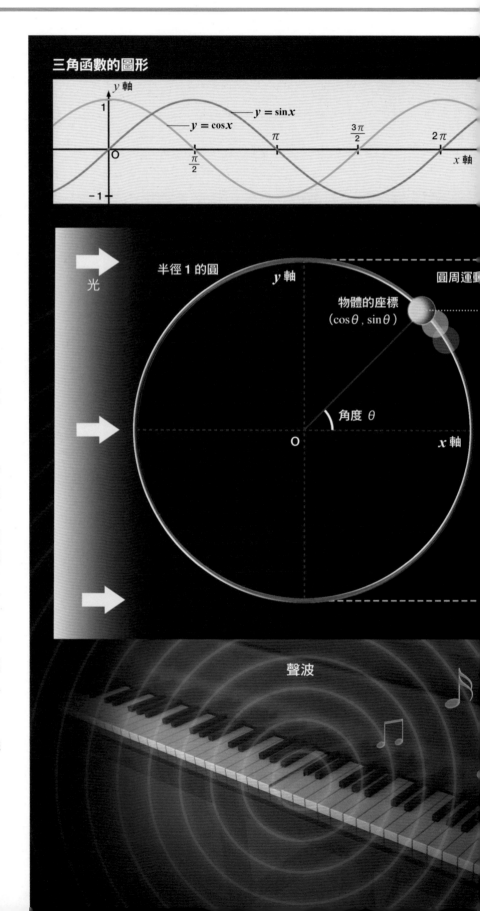

三角函數的圖形

$y = \sin x$
$y = \cos x$

半徑 1 的圓
y 軸
圓周運動
物體的座標
$(\cos\theta, \sin\theta)$
角度 θ
x 軸
O

光

聲波

圓周運動、振動、波以及三角函數之間的密切關係

插圖中央為圓周運動、簡諧運動、波之間的關係。這些運動與波都可以用三角函數來描述。光（電磁波）、聲波、地震波都是我們周圍的波。附帶一提，圖中的波紋僅是示意圖，波長等要素實際上各不相同。

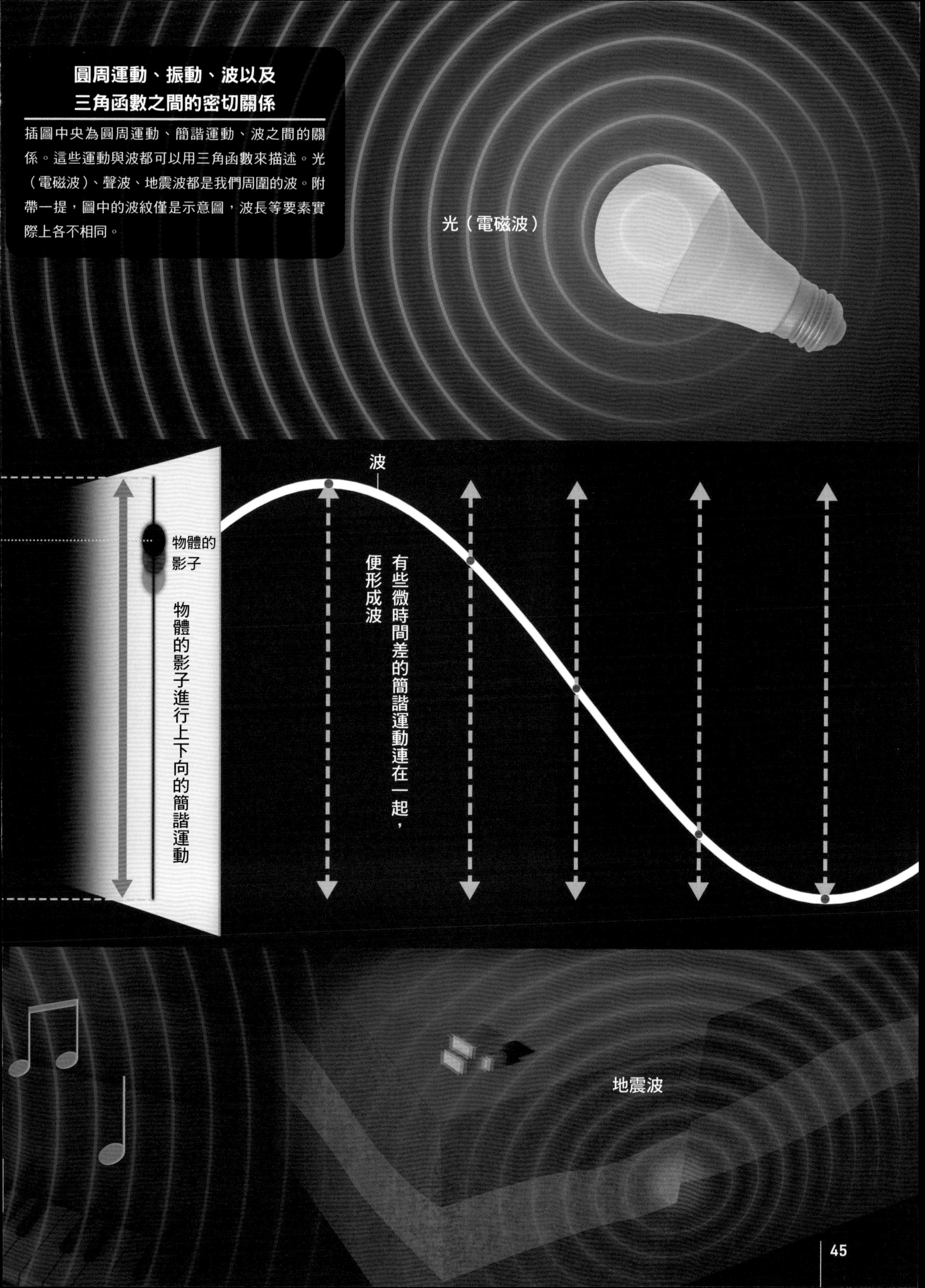

光（電磁波）
波
物體的影子
物體的影子進行上下向的簡諧運動
有些微時間差的簡諧運動連在一起，便形成波
地震波

不知高的情況下求三角形面積

提 到三角形面積，一般人應該會想到「底邊×高÷2」這個著名的公式。不過現實世界中的三角形，高常是個未知數。舉例來說，假設我們想求出下圖這個由三條道路圍成的三角形面積，不過這個區域內有許多建築物，無法直接量出三角形的高。

這個時候我們就會用到「海龍公式」（Heron formula）。只要知道三角形的三邊長 a、b、c，我們就可以由海龍公式求出三角形面積 S。

設 $s = \frac{1}{2}(a+b+c)$，那麼三角形面積 S 為

$$S = \sqrt{s(s-a)(s-b)(s-c)}$$

是個漂亮又對稱的公式。

舉例來說，假設三角形的三邊長分別為400公尺、500公尺、700公

知道三邊長，就能計算出三角形面積

圖中三角形區域的三個邊都是道路，可以直接測量出三邊的長度。不過區域內有許多建築物阻隔，無法直接測量三角形的高。這種情況下可以用海龍公式來求出面積。

三邊為道路，可直接測量三邊的長度

尺。

$s=(400＋500＋700)÷2＝800$

故面積如下

$$S=\sqrt{800×400×300×100}$$
$$=10000\sqrt{8×4×3×1}$$
$$=10000×4\sqrt{6}$$
$$=約9萬7980平方公尺$$

使用三角函數的三角形面積公式

高中數學中提到，如果知道三角形的兩邊長 a、b 以及兩邊夾角 C，便可由以下公式求出三角形面積。

$$S=\frac{1}{2}ab\sin C$$

若以 a 為底邊，公式的 $b\sin C$ 部分就相當於高，那即可將這個公式視為「底邊×高÷2」的變形。

事實上，海龍公式可以用這個公式來證明。雖然還須要用到「$\sin^2 C+\cos^2 C=1$」[※]與「餘弦定理」（參考第55頁）等三角函數相關知識，但其實沒有很難，請你一定要試著挑戰看看。

在 1 世紀左右的時候，活躍於亞歷山卓的古希臘數學家暨工程師海龍（生卒年不詳）在他的著作《測量術》（Metrica）中證明了海龍公式，所以該公式遂以他的名字命名。海龍也是個發明家，曾利用空氣壓力設計出能自動開關的門，以及放入硬幣後就會流出水的自動販賣機之類的裝置。

🪐

※：$\sin^2 C$ 與 $\cos^2 C$ 分別是（$\sin C$）[2] 與（$\cos C$）[2] 的意思。

有建築物阻隔，故無法直接測量三角形的高

邊長 b ・ 角 A ・ 邊長 c

面積 S

角 C ・ 角 B

邊長 a

海龍公式

設三邊長分別是 a、b、c，三角形面積為 S，且
$$s=\frac{1}{2}(a+b+c)$$
那麼以下等式成立

$$S=\sqrt{s(s-a)(s-b)(s-c)}$$

使用三角函數的三角形面積公式

只要知道三角形的兩個邊長與兩邊夾角，就可以由以下公式求出三角形面積 S。

$$S=\frac{1}{2}ab\sin C$$

或

$$S=\frac{1}{2}bc\sin A$$

或

$$S=\frac{1}{2}ca\sin B$$

圓與直角三角形間的奇妙關係

圓 看起來只是個單純的圖形，但其實有非常深奧的性質。舉例來說，將圓旋轉任意角度如30°或123°，不管轉多少度，都會和原本的圓一致。這表示圓的對稱性很高，平面圖形中只有圓擁有這種性質。

圓還有許多性質，其中又以國中學過的「圓周角定理」特別有趣。下圖中，考慮弧AB與圓周上的點P（設點P不在弧AB上）。此時，稱∠APB為弧AB的「圓周角」。而

且，不管點P在圓周上的何處，弧AB的圓周角大小都相同。這是圓周角定理的第一項。實際在圖中適當加上點P後，就可以用量角器量看看∠APB，實際感受一下這不可思議的感覺。

而將弧AB與圓心O相連後，此時∠AOB稱作弧AB的「圓心角」。圓心角必為圓周角的2倍大。這是圓周角定理的第二項。

另外，即使弧AB比半圓大（圓心角大於180°），圓周角定理也會

成立。

如何用圓畫出直角三角形？

圓周角定理對任何弧都成立。而當弧AB剛好是半圓，即AB為直徑時，會出現更有趣的性質。這時弧的圓周角必為90°，也就是直角。這也稱為「泰勒斯定理」（Thales' theorem）。

用圓規畫出一個圓，通過圓心畫

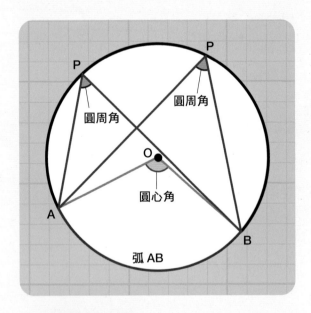

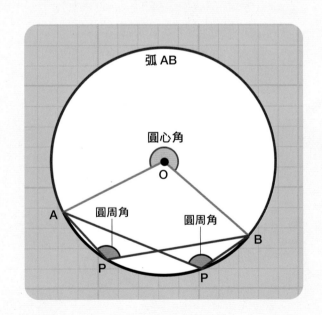

⊙ 圓周角定理

對同一個弧AB而言，在弧AB以外的圓周上取任一點P，圓周角∠APB皆相等。另外，圓心角∠AOB必為圓周角∠APB的2倍大。左圖列出較短的弧AB（劣弧）及其圓周角，右圖則列出較長的弧AB（優弧）及其圓周角。

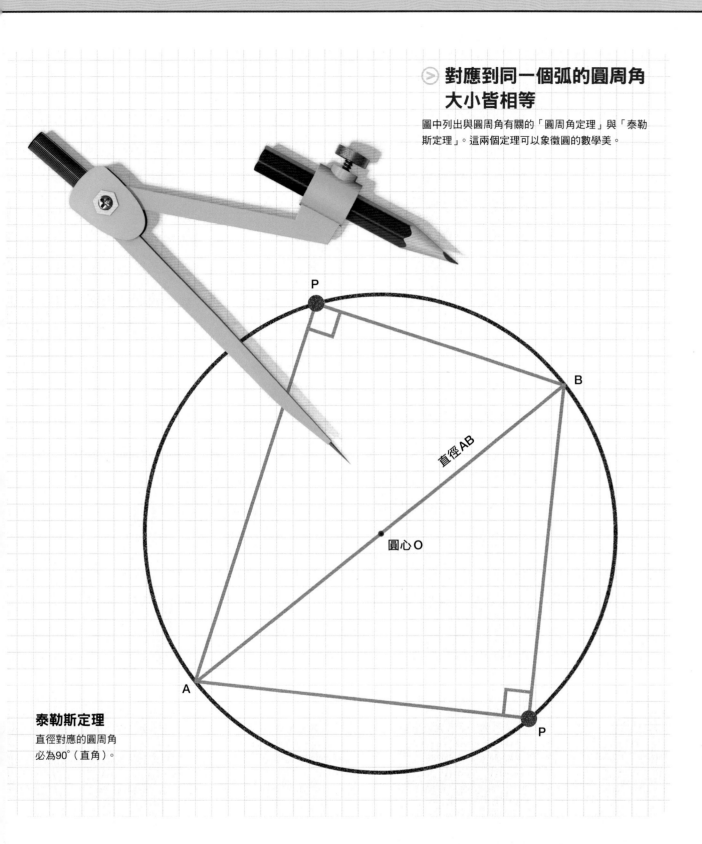

對應到同一個弧的圓周角大小皆相等

圖中列出與圓周角有關的「圓周角定理」與「泰勒斯定理」。這兩個定理可以象徵圓的數學美。

P

直徑AB

圓心O

B

A

泰勒斯定理
直徑對應的圓周角
必為90°（直角）。

P

一條直線，就可以得到一條直徑。在圓周上任取一點，連接點與直徑的兩個端點，就一定會得到一個直角。即使不使用三角尺的直角，也可以用這種方式畫出直角三角形。

泰勒斯定理源自古希臘哲學家暨數學家泰勒斯（Thales，前624～前546）的名字。泰勒斯被稱作「最初的哲學家」、「哲學之父」，他主張「萬物皆從水中誕生」。他

用金字塔的影子計算金字塔高度的例子也十分有名。

設置太陽能板時的角度
要多大？

近年來永續發展漸受矚目，太陽能發電也成了相當普遍的發電方式。

進行太陽能發電時，必須設置太陽能板，這時就會用到三角函數的sin函數。理想狀況下，太陽能板的角度應盡可能正對太陽。一般而言，在緯度越高的地區，陽光照射角度越低；緯度越低的地區，陽光照射角度越高。因此，太陽能板的傾斜角度應隨著設置區域的緯度改變。

順帶一提，在北緯36度的東京，太陽能板應朝向南方，設置角度應與地面夾30°左右（臺北約20°）。

設置縱長 1 公尺的太陽能板，與地面夾角為30°

設置太陽能板時，後方須有一個垂直於地面的支柱支撐著（如右方插圖）。然而設置縱長為 1 公尺的太陽能板，並使其與地面夾角為30°時，支柱的長度應為幾公尺呢？

這時候就該輪到sin函數登場了。30°的sin值（sin 30°）為0.5。

也就是說，當太陽能板的縱長為 1 公尺時，準備「0.5公尺」的支柱，就可使太陽能板的傾斜角度為30°（〔斜邊長〕×sin θ ＝〔高〕，參考右方插圖）。

另外，我們可以使用函數計算機或三角函數表，得到某個角度 θ 對應的sin θ 值。

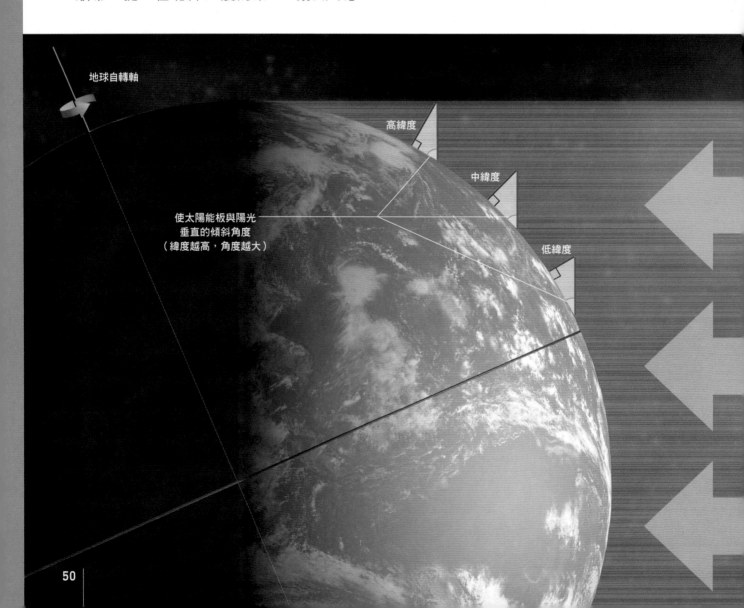

地球自轉軸

高緯度

中緯度

使太陽能板與陽光
垂直的傾斜角度
（緯度越高，角度越大）

低緯度

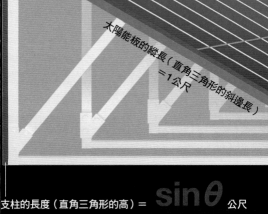

太陽能板

太陽能板的總長（直角三角形的斜邊長）
＝1公尺

傾斜角 θ

支柱的長度（直角三角形的高）＝ $\sin\theta$ 公尺

陽光

太陽能板的設置角度

太陽能板的設置角度應隨著緯度而改變。因此，只要依照設置地點的緯度，求出對應的sin值，就可以知道支柱應該要多長，才能得到理想的傾斜角度。

日本的太陽能板須朝南設置，各地的傾斜角度如下：札幌為35°、東京為30°、那霸為20°。算出各個角度的sin值，就知道支柱應該要多長。

註：因為反射光會造成光害等原因，有時須微調角度。

札幌
（北緯43度）
35°

東京
（北緯36度）
30°

那霸
（北緯26度）
20°

如何將披薩正確六等分？

因為在家享用美食的機會增加，訂披薩的機會也跟著增加了吧？這時候要切披薩的時候，應該會有人想要完美地切成六等分或八等分吧。

這裡就讓我們來介紹如何用三角形邊長比，輕鬆將披薩六等分吧。

要將披薩完美地六等分，須使用三角形邊長比

要輕鬆將披薩六等分，須活用特殊直角三角形的邊長比性質。直角三角形的邊長比中，以下面這兩種最為常見。

一個是三邊比為 $1:2:\sqrt{3}$ 的直角三角形，另一個是三邊比為 $2:\sqrt{2}:\sqrt{2}$ 的直角三角形。前者的另外兩個內角分別為30°與60°，後者的另外兩個內角皆為

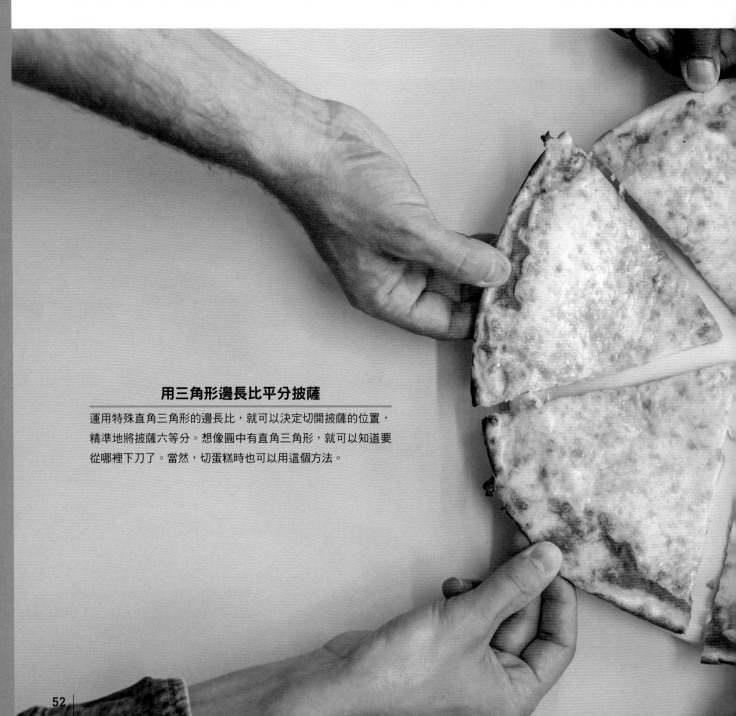

用三角形邊長比平分披薩

運用特殊直角三角形的邊長比，就可以決定切開披薩的位置，精準地將披薩六等分。想像圓中有直角三角形，就可以知道要從哪裡下刀了。當然，切蛋糕時也可以用這個方法。

45°。

記好這些數字後，測量距離、高時都會方便許多。

將披薩六等分時，就會用到前者直角三角形的邊長比。

利用直角三角形的邊長比，正確等分披薩

現在就來說明具體的切披薩方法吧。

首先，劃一刀通過披薩的圓心O，畫出A與B的連線，切開披薩。這只是二等分，任何人應該都能輕鬆做到。

問題在接下來的步驟。因為360°÷6＝60°，若想要正確六等分披薩，就必須在披薩上每隔60°圓心角劃一刀。

這裡會用到內角之一為60°的直角三角形。

為什麼呢？因為內角之一為60°的直角三角形中，斜邊與短邊的比為2：1。假設披薩的半徑是斜邊，那麼短邊就會是披薩半徑的一半。

所以，我們就可以取O與B的中點C，令OC為直角三角形的短邊，作OB垂線交圓於D，那麼三角形ODC就會是一個直角三角形，且∠DOC＝60°。接著由D通過圓心O切到E，再用同樣的原理從F通過圓心O切到G，就可以將披薩正確六等分了。

圖1

圖2

常用數學重要公式

這裡列出了在國高中數學範圍內，但本章未能提及的重要數學公式。

---

① 指數的性質

Ⓐ $a^m \times a^n = a^{m+n}$　　　Ⓑ $a^m \div a^n = \dfrac{a^m}{a^n} = a^{m-n}$

Ⓒ $(a^m)^n = a^{m \times n}$

Ⓓ $(ab)^n = a^n b^n$　　　Ⓔ $\left(\dfrac{a}{b}\right)^n = \dfrac{a^n}{b^n}$

Ⓐ是將乘法（左邊）轉換成「指數加法」（右邊）的公式。Ⓑ是將除法（左邊）轉換成「指數減法」（右邊）的公式。Ⓒ是將冪[※]的乘方（左邊）轉換成「指數乘法」（右邊）的公式。Ⓓ與Ⓔ的意思是，積的乘方或商的乘方，會等於個別數值乘方之後再做乘法或除法。

※：同一數自乘若干次的運算稱為乘方，乘方的結果稱為冪。

例：$5^2 \times 5^3 = 5^5 \ (= 3125)$

例：$2^3 \div 2^2 = 2$

例：$(5^3)^2 = 5^6 \ (= 15625)$

例：$(3 \times 5)^2 = 3^2 \times 5^2 \ (= 225)$

例：$\left(\dfrac{7}{3}\right)^2 = \dfrac{7^2}{3^2} \ (約\ 5.4)$

---

② 對數的性質

Ⓐ $\log_a xy = \log_a x + \log_a y$　　　Ⓑ $\log_a \dfrac{x}{y} = \log_a x - \log_a y$

Ⓒ $\log_a x^n = n \log_a x$　　　Ⓓ $a^{\log_a x} = x$

Ⓔ $\log_a x = \dfrac{\log_b x}{\log_b a}$

Ⓐ是將「乘法結果的對數」（左邊）轉換成「對數的加法」（右邊）的公式，Ⓑ是將「除法結果的對數」（左邊）轉換成「對數的減法」（右邊）的公式。Ⓒ表示冪的對數（左邊）相當於將指數部分提出，再乘上對數部分（右邊）。Ⓓ可由對數的定義推導出來。因為 $\log_a x$ 表示「a 的多少次方會是 x」，所以 a 的 $\log_a x$ 次方就是 x。Ⓔ是將對數的底數從 a 轉換成 b 的公式。

例：$\log_{10}(2 \times 7) = \log_{10} 2 + \log_{10} 7$

例：$\log_2 \dfrac{5}{3} = \log_2 5 - \log_2 3$

例：$\log_5 3^2 = 2 \log_5 3$

例：$5^{\log_5 10} = 10$

例：$\log_3 7 = \dfrac{\log_2 7}{\log_2 3}$

③ 三角函數的公式

Ⓐ $\sin^2\theta + \cos^2\theta = 1$

Ⓑ 和角公式

$$\sin(\alpha+\beta) = \sin\alpha\cos\beta + \cos\alpha\sin\beta$$
$$\cos(\alpha+\beta) = \cos\alpha\cos\beta - \sin\alpha\sin\beta$$

Ⓒ 正弦定理

$$\frac{a}{\sin A} = \frac{b}{\sin B} = \frac{c}{\sin C} = 2R$$

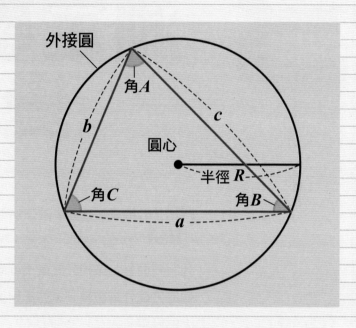

Ⓓ 餘弦定理

$$a^2 = b^2 + c^2 - 2bc\cos A$$

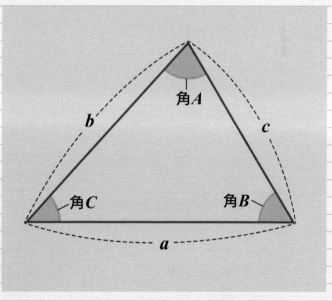

設 $\sin\theta$ 與 $\cos\theta$ 分別為單位圓圓周上點P的 y 座標與 x 座標（點P與原點O的距離為 1），便可推導出Ⓐ。Ⓑ稱作「和角公式」，令 $\beta = \alpha$，便可得到「倍角公式」。Ⓒ稱作「正弦定理」，正弦指的就是「sin」。Ⓓ稱作「餘弦定理」，餘弦就是「cos」。上方僅列出角A的餘弦定理，角B、角C也可以列出對應的公式。除上述公式之外，三角函數還有許多公式。

3 用微積分測定事物的變化

「微積分」是高中數學的重要單元，可能有不少人會覺得微積分很難。不過，微積分的應用範圍非常廣，對現代科技而言，微積分更是不可或缺的工具。第3章將用淺顯易懂的方式介紹微積分，並提到微積分在社會、生活、科學領域上的應用。

「微分」就是將函數圖形放大到超級大

高中數學中，應該有不少人會覺得「微分」很難。高中教材常會將微分形容成「圖形的切線斜率」。若要說得更直白，也可以說微分是「分析那些被放得超級大的圖形」。

微分在研究「物體運動」時非常好用，讓我們以棒球為例，說明微分是什麼意思吧！假設打者擊出棒球後，球往正上方飛去（插圖）。x 秒後，球高為 y 公尺（設打者擊球位置為 0 公尺），那麼 x 與 y 之間的關係就可寫成 $y = -5x^2 + 20x$※的「二次函數」（假設以每秒20公尺的初速往正上方飛行）。若以 x 為橫軸、y 為縱軸作圖，可得到右頁的紅色曲線。

考慮球在 1 秒後（紅點）到 2 秒後（綠點）之間的速度。速度為「移動距離÷經過時間」，故計算過程為 **（20－15）÷（2－1）＝每秒 5 公尺**。這個結果與兩點連線（白色虛線）的「斜率」（y 變化量÷x 變化量）一致。

微分是計算「瞬時速度」的方法

正確來說，前面所提到的速度是兩點之間的平均速度（經過時間 1 秒內的平均速度）。那麼，1 秒後（$x = 1$）的瞬時速度（instantaneous velocity）該如何求得呢？要求得 $x = 1$ 的瞬時速度，經過時間必須為 0。用圖來說明的話，就是要讓綠點沿著曲線，無限接近 $x = 1$ 的紅點，直到兩點完全一致。此時的直線，也就是「切線」的斜率，就是瞬時速度。這種由移動距離（位移）的函數求出瞬時速度的計算方式，就稱為「微分」。

右頁下方的圖是 $x = 1$ 附近的情況，也就是把該位置放大，一直到曲線與切線看起來像是同一條線。微分就像這樣，將圖形某處一直放大，直到可以直接測量該處的斜率為止（微分的實際計算方式，可參考右頁的說明）。

圖形各點的切線斜率值，稱為「導數」（derivative）。上例中若導數為正（斜率為正），就表示物體有往上的速度（上升中）。這個數值越大，就表示上升速度越大；若導數為零，就表示速度為零，此時物體位於最高點；當導數為負，就表示物體擁有往下的速度（下降中）。所以說，由微分得到的切線斜率，可以解讀出物體正在上升還是下降。

※：根據鉛直上拋運動公式：位移＝初速度×時間－$\frac{1}{2}$ 加速度×時間的平方。標準重力加速度＝9.80665（≒10）公尺／秒平方，代入公式 $y = 20x - \frac{1}{2}(10x^2)$。

用微分解讀運動

以每秒20公尺的初速，將球往正上方打擊，設球在 x 秒後的高度為 y 公尺，可作圖如右（請見紅線，標準重力加速度約為10m/s²）。圖形各點的切線斜率（導數），就是該瞬時速度。微分就像是把圖形一直放大，直到可以直接測量它的斜率為止。

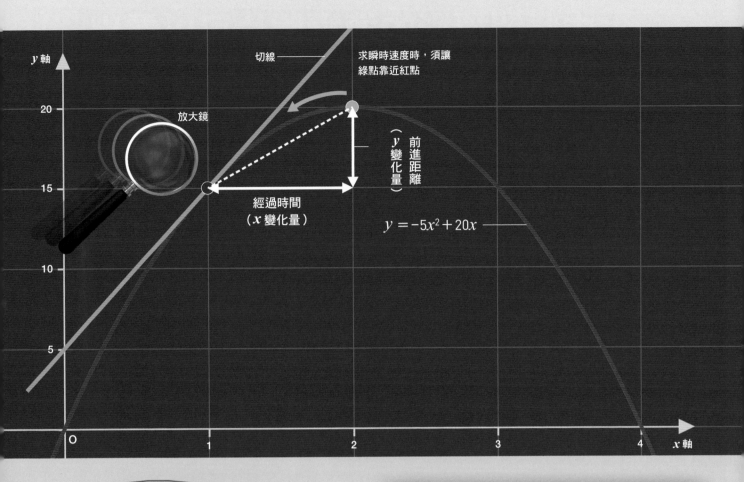

切線

求瞬時速度時，須讓
綠點靠近紅點

y 軸

20

15

10

5

放大鏡

（y 變化量）前進距離

經過時間
（x 變化量）

$y = -5x^2 + 20x$

O   1   2   3   4 x 軸

放大鏡

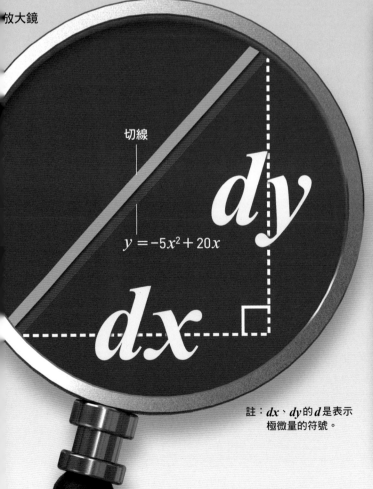

切線

$y = -5x^2 + 20x$

dy

dx

註：dx、dy 的 d 是表示
極微量的符號。

微分的計算方式

$y = f(x)$ 在 $x = a$ 處的斜率，稱作 $x = a$ 的「導數」，可寫成 $f'(a)$。導數可由以下公式求出。

$$f'a = \lim_{h \to 0} \frac{f(a+h) - f(a)}{h}$$

$\lim$ 是表示「極限」的運算符號，意為「h 盡可能趨近於 0」。$\lim$ 讀做「limit」。另外，$y = f(x)$ 上各點（任何 x 數值）切線斜率所構成的函數，稱為「導函數」，可寫成 $f'(x)$ 或 $\frac{dy}{dx}$。求導函數的過程一般稱作「微分」。導函數可透過以下方式（將上方常數 a 改為變數 x 即可）求得。

$$f'(x) = \lim_{h \to 0} \frac{f(x+h) - f(x)}{h}$$

---

x^n 的微分公式與常數的微分

① $f(x) = x^n$ 時，$f'(x) = nx^{n-1}$

② $f(x) = a$（常數）時，$f'(x) = 0$

①是微分公式中非常重要的公式。計算 x^n 的微分時，只要將指數的 n 提到前面，再將指數減 1 即可。②的公式也很重要，不管是哪個常數，微分後都是 0。

例：$f(x) = -5x^2 + 20x$ 時，$f'(x) = -10x + 20$，這裡的 $f(x)$ 就是正文中，表示球在 x 秒後之位置的函數。將 $f(x)$ 對時間微分得到 $f'(x)$ 後，即為球在 x 秒後的速度函數（velocity function）。

由頻閃攝影的連續照片可以看出微分的本質

右圖照片是在高爾夫球手揮桿時，以「每隔一定時間間隔曝光一次」的攝影方式拍出來的。由這張照片可以仔細解讀揮桿動作。

舉例來說，舉起球桿時，桿頭的間隔幾乎固定，可見球桿會以一定的速率往上舉起。另一方面，揮下球桿時，桿頭的間隔越來越大，擊球瞬間的桿頭間隔最大，這表示桿頭在擊球瞬間的速度最快。

事實上，這就是數學所說的「微分」本質。

微分是變量「變化的情況」

由這張頻閃攝影照片中「桿頭的間隔」可以看出桿頭位置的變化，並依此推導出桿頭的速度。也就是說，這個頻閃攝影照片含有桿頭位置變化方式（速度）的資訊。

另一方面，微分是研究「函數變化情況」（切線斜率：相當於速度）的數學方法。或者也可以說，函數就像是頻閃攝影拍下來的照片。

不過，數學上的微分與頻閃攝影照片有個決定性差異。那就是頻閃攝影照片捕捉的是「微小時間間隔內的變化量」，微分則是捕捉「時間間隔趨近無限小的變化量」。而正確計算出這種變化量的數學方法，由牛頓（Isaac Newton，1642～1727）與萊布尼茲（Gottfried Leibniz，1646～1716）發明，稱為「微分法」。

往上舉起時的桿頭

往下揮動時的桿頭

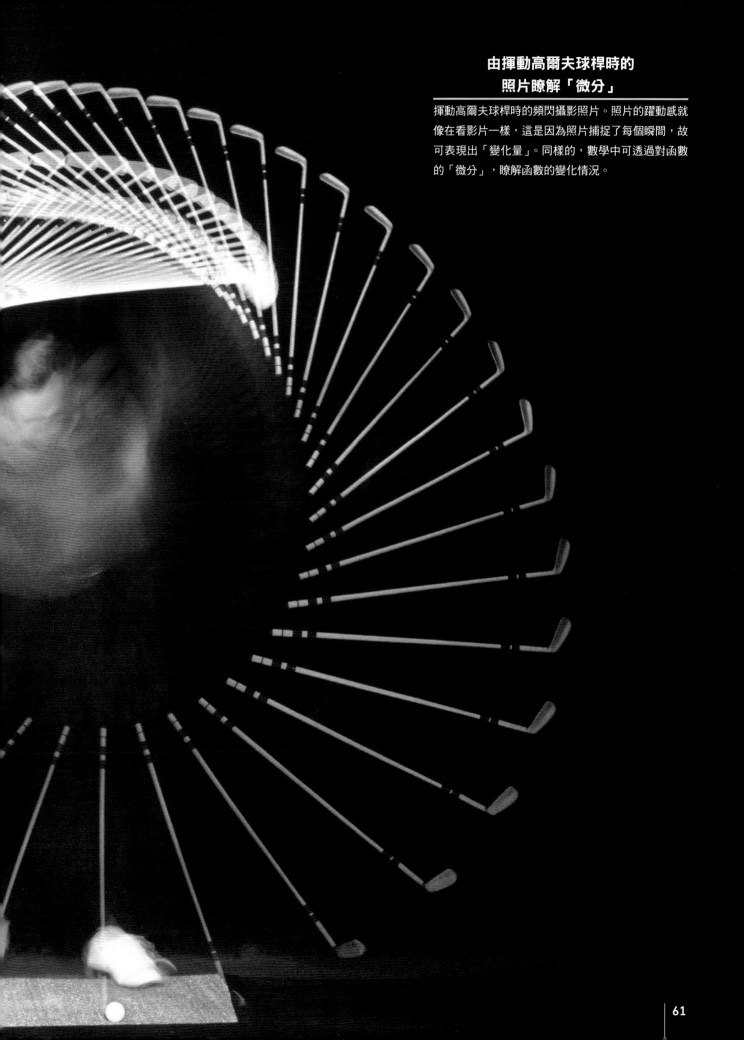

由揮動高爾夫球桿時的
照片瞭解「微分」

揮動高爾夫球桿時的頻閃攝影照片。照片的躍動感就像在看影片一樣,這是因為照片捕捉了每個瞬間,故可表現出「變化量」。同樣的,數學中可透過對函數的「微分」,瞭解函數的變化情況。

「積分」是求「扭曲圖形」之面積或體積的方法

小學、國中課程中會提到圓面積（πr^2，r為半徑）、球表面積（$4\pi r^2$）、球體積（$\frac{4}{3}\pi r^3$）、圓錐體積（$\frac{1}{3} \times$底面積×高）等曲線、曲面所圍成的圖形面積或體積公式。卻沒有學到「為什麼可以用這些公式求出面積或體積」。

用函數來求取這些「扭曲圖形」的正確面積或體積時，就須用到「積分」。如下圖，積分可求出拋物線（紅色曲線）與x軸所圍成的區域面積。

具體來說，積分的計算須照著以下步驟進行。首先將曲線圍成的面積切成許多細長的長方形，再將這些長方形的面積一一加總起來。不過，長方形與曲線之間必定存在空隙或凸出部分。所以光是這樣，「曲線下的面積」仍與「長方形面積

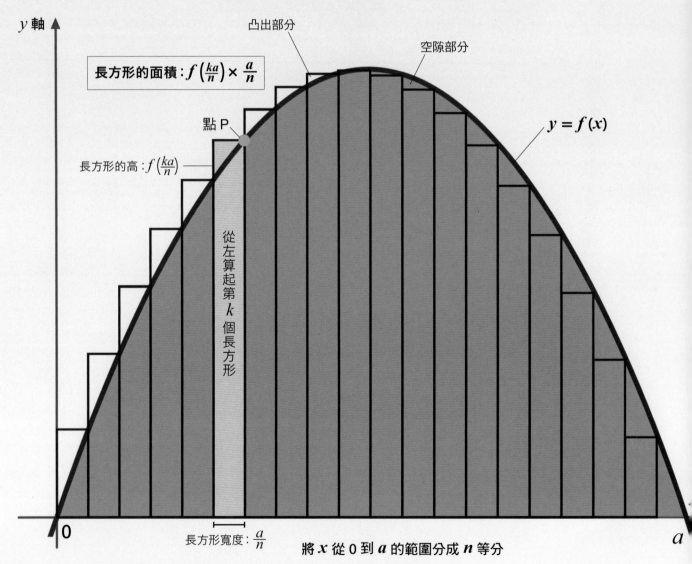

將所有長方形的面積加總。當長方形的寬$\frac{a}{n}$無限趨近於0時，就可以求出正確面積

y軸

凸出部分

空隙部分

長方形的面積：$f\left(\frac{ka}{n}\right) \times \frac{a}{n}$

點 P

長方形的高：$f\left(\frac{ka}{n}\right)$

$y = f(x)$

從左算起第 k 個長方形

0

長方形寬度：$\frac{a}{n}$

將 x 從0到 a 的範圍分成 n 等分

a

加總」有一定誤差。

　該如何減少這個部分的誤差呢？只要縮小長方形的寬度，同時增加長方形的數目就可以了。當長方形的寬度無限接近零時，誤差就會消失，此時所有長方形面積的加總，就會等於曲線下的面積，這就是「積分」。這種計算方式在積分中特別稱作「區分求積法」。

由無數的「板」計算出整體體積

　這種積分概念也可以用在求取物體體積上。如下圖，計算橄欖球體積時，可將橄欖球切成許多薄板，再將這些薄板的體積加總。

　設定 x 軸位置，以 $f(x)$ 表示 x 處的橄欖球截面積，那麼薄板的體積就會是「$f(x)$×薄板厚

度」。

　如果希望計算出來的體積趨近現實中的體積，只要讓薄板的厚度趨近無限薄（薄板數趨近無限多），就可以求得正確體積了。

積分的計算方法：區分求積法

考慮左圖中，曲線 $y=f(x)$ 與 x 軸圍成的面積。將 x 從 0 到 a 的範圍分成 n 等分，那麼從左算起第 k 個長方形的面積就是 $f\left(\frac{ka}{n}\right) \times \frac{a}{n}$。加總第 1 個長方形到第 n 個長方形的面積，並考慮 n 趨近無限大的情況（$n \to \infty$），就可以求出該區域的面積了。具體計算方式如下。

$$面積 = \lim_{n \to \infty}\left(\sum_{k=1}^{n}\left\{f\left(\frac{ka}{n}\right) \times \frac{a}{n}\right\}\right)$$

$\sum\limits_{k=1}^{n}$ 意為「$k=1$ 到 $k=n$ 的總和」，Σ 讀作「sigma」。

　以上提到的區分求積法稍微有些複雜，須要先知道 Σ 的計算公式，所以此處不再舉例說明。

積分就是切割成許多小塊再加總起來

所謂的積分如左頁圖所示，就是計算出曲線與 x 軸所圍成區域面積的方法。首先，將這個區域分割成許多長方形，再將這些長方形的面積加總起來。之後，讓長方形寬度無限趨近於零，這樣就可以得到正確面積了。下圖求體積的方式也會用到積分。

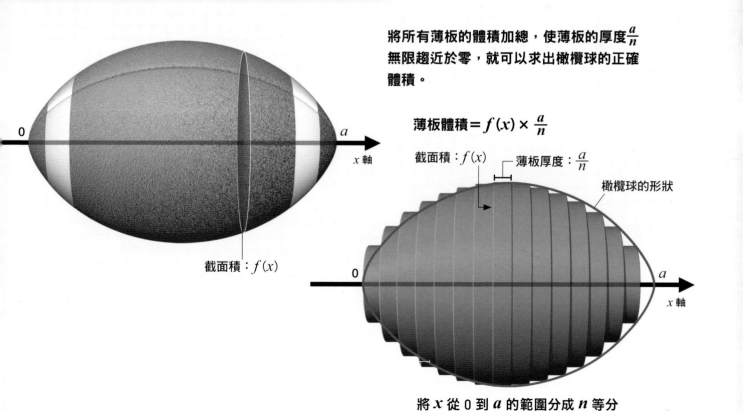

截面積：$f(x)$

將所有薄板的體積加總，使薄板的厚度 $\frac{a}{n}$ 無限趨近於零，就可以求出橄欖球的正確體積。

薄板體積 $= f(x) \times \dfrac{a}{n}$

截面積：$f(x)$　　薄板厚度：$\frac{a}{n}$

橄欖球的形狀

將 x 從 0 到 a 的範圍分成 n 等分

要計算有粗有細之物體體積時，可先切成無數個薄片，再將其加總起來

前頁中，我們介紹了如何以積分計算橄欖球這種中間粗兩端細的物體體積。那麼像櫛瓜有粗有細的物體，體積又該如何計算呢？

圓柱體積公式為「$\pi r^2 \times$ 高（r 為底面半徑）」、球體積公式為「$\frac{4}{3}\pi r^3$」、圓錐體積公式為「$\frac{1}{3} \times$ 底面積 $\times$ 高」。

下圖照片中的櫛瓜體積，又該怎麼算才行呢？

櫛瓜形狀細長，切面為圓，類似圓柱，但每個地方的粗細都不一樣，所以不能用計算圓柱體積的方式計算櫛瓜體積。

假設我們每隔固定距離將櫛瓜切片。首先切成10片，測量每個截面（圓）的半徑，將這10片視為10個圓柱，求出10個圓柱的體積後加總，便可得到近似整個櫛瓜的體積。

先切成許多薄片再加總

不過這種方法求出來的體積，會與櫛瓜的實際體積有一定差距。於是我們縮小切片的厚度，將櫛瓜切成20片、50片，切成越多片，算出來的體積與櫛瓜實際體積的差距就越小。如果切片厚度無限趨近於零，應可正確計算出櫛瓜實際的體積。就像計算面積時一樣，「切成無限個厚度趨近於零的切片再加總」就可以求得物體的體積。

稍後會介紹到，古希臘數學家阿基米德（Archimedes，約前287年～前212年）與發現行星運動規則的德國天文學家克卜勒（Johannes Kepler，1571～1630）就曾有過切成小塊再加總的想法。而將他們用的方法去蕪存菁，建立微分與積分體系的人，則是牛頓與萊布尼茲。

櫛瓜

將扭曲的細長立體圖形，切成許多圓柱再加總，便可求出立體圖形的體積。以下為切成10個、20個、50個圓柱時的情況。圓柱數目越多，形狀就越圓滑。

視為10個圓柱，
計算總體積

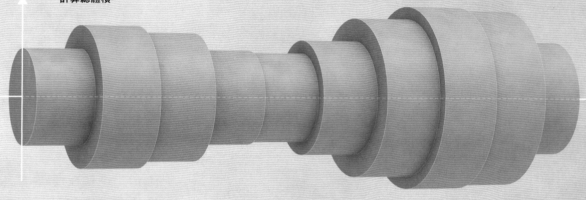

視為20個圓柱，
計算總體積

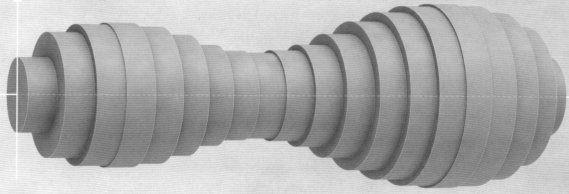

視為50個圓柱，
計算總體積

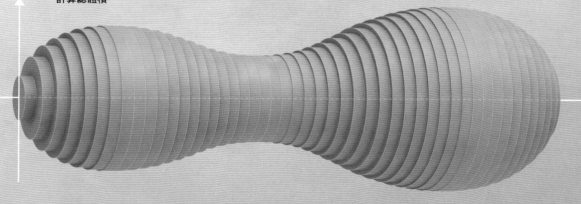

微分與積分
互為相反關係！

微 分與積分乍看下是完全不同的運算，但其實兩者間有非常密切的關係。簡單來說，微分與積分互為「逆運算」。

已知物體速度時，可以由「速度×經過時間」求出「移動距離」。右頁的①中，令橫軸為時間x，縱軸為速度y，當球以一定速度前進時，可畫出圖中紅線。球的移動距離則會等於紅線與x軸圍成的面積。

事實上，即使球的速度不固定，速度時間圖的曲線與x軸圍成的區域面積，也會等於球的移動距離。第58頁設定的球，以每秒20公尺的初速往上飛，設x秒後的速度為y，畫出來的圖形便是②的紅線。在重力的作用下，球速會越來越慢。速度y會滿足$y = -10x + 20$（參考第59頁右下說明欄）。

圖中的紫色長方形面積，幾乎等於球在長方形寬度的極短時間內移動的距離。因為速度不固定，長方形面積會略大於實際的移動距離。不過就和第62頁的情況一樣，若使時間間隔趨近於零，那麼長方形面積與實際移動距離的誤差也會趨近於零。將這些寬度趨近於零的極細長方形面積加總起來，就可以得到淡紅色區域（三角形部分）的面積，這個面積會等於球的移動距離。如同我們在第62頁中說明的，上述計算面積的過程，就是所謂的「積分」。

「積分」可將已「微分」過的函數變回原本的樣子

由以上說明可以知道，積分可由速度求出移動距離。另一方面，如同在第58頁中提過的，微分可由移動距離求出速度。換言之，積分可以說是「微分的相反」。不只是速度與距離的例子，一般情況下，微分與積分都互為「逆運算」，這是「微積分基本定理」。

積分的計算，可以說是在尋找已微分函數在微分前的樣子。這種函數稱之為「反導函數」（antiderivative）。讓我們試著在②的設定下，求出移動距離（球高度）的函數$F(x)$（$f(x)$的反導函數）吧。$F(x)$可寫成以下形式。

$$F(x) = \int f(x)\, dx$$
$$= \int (-10x + 20)\, dx$$

積分符號$\int$念做「$integral$」，dx稱為積分變量。因為我們想找出微分後得到「$-10x + 20$」的函數，由第59頁右下說明欄內的公式可以計算出以下結果。

$$F(x) = -5x^2 + 20x + C$$

C稱為積分常數，可以是任意常數，微分後為0（消失）。$x = 0$（球往上飛的瞬間）時，$F(x) = 0$（高為0），故$C = 0$，所以$F(x) = -5x^2 + 20x$。這和第58頁中提到表示出球高度（移動距離）的函數相同。

積分與微分的關係

就像加法與減法互為逆運算一樣，微分與積分也互為逆運算。如①～③所示，由速度求出距離的過程是積分，反過來由距離求出速度則是微分。

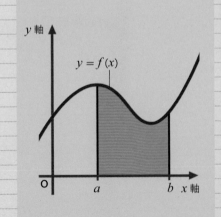

求出具體面積的「定積分」

「求微分後得到$f(x)$的函數（反導函數）$F(x)$的計算過程」是一種積分，稱作「不定積分」（indefinite integration）。實際以$F(x)$計算面積的過程如下。$y = f(x)$、x軸、$x = a$、$x = b$所圍區域（右圖淡紅色區域）的面積可寫成$\int_a^b f(x)\, dx$。

計算過程如下。
$\int_a^b f(x)\, dx = [F(x)]_a^b = F(b) - F(a)$
如上式所示，$[F(x)]_a^b$為「$x = b$代入$F(x)$得到的值，減去$x = a$代入$F(x)$得到的值」。以上積分計算稱作「定積分」。

另外，計算定積分時，會將x軸下方的面積算成負值。

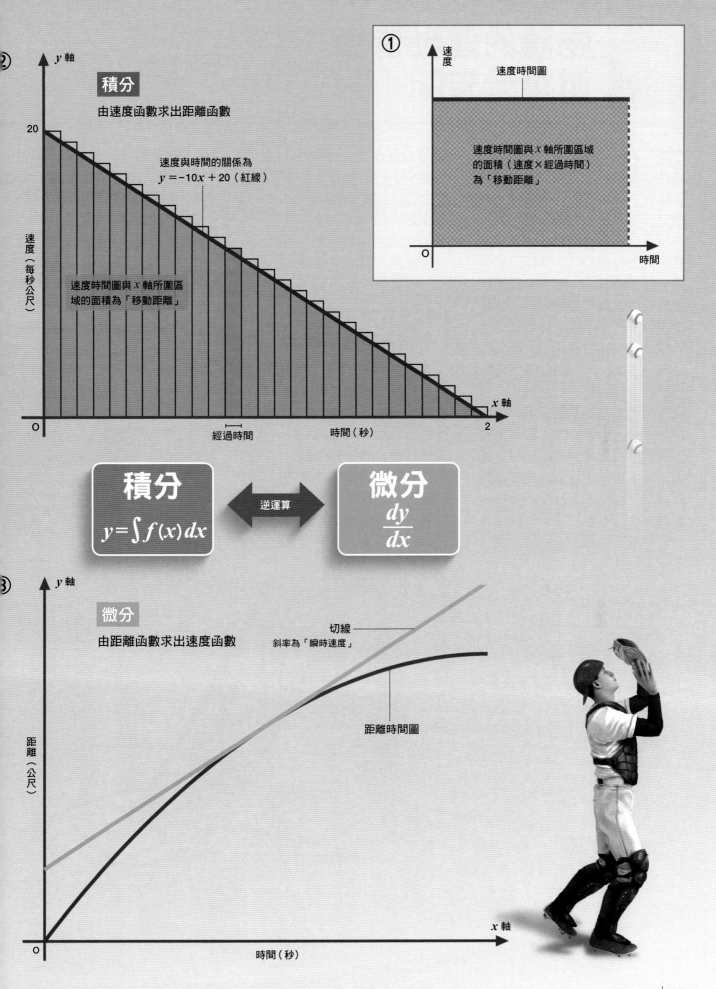

② 積分

由速度函數求出距離函數

速度（每秒公尺）

速度與時間的關係為
$y = -10x + 20$（紅線）

速度時間圖與 x 軸所圍區域的面積為「移動距離」

經過時間　　時間（秒）

① 速度時間圖

速度時間圖與 x 軸所圍區域的面積（速度×經過時間）為「移動距離」

O　　　　　　時間

積分
$$y = \int f(x)\,dx$$

逆運算

微分
$$\frac{dy}{dx}$$

③ 微分

由距離函數求出速度函數

切線
斜率為「瞬時速度」

距離時間圖

距離（公尺）

時間（秒）

物體的運動皆由
微積分支配！

在 前面的例子中，我們用函數來表示球的運動。由此可以看出在研究物體運動時，微積分可以發揮很大的用處。事實上，不只是物體運動，研究自然界中的各種機制時，微積分都是不可或缺的工具。特別是常用數學式描述各種自然現象的「物理學」，許多定律會以含有微分的「微分方程式」表示。

舉例來說，牛頓於17世紀時建構「牛頓力學」時，就用「運動方程式」作為基礎（下方說明欄）。牛頓力學能說明各種物體的運動，可說是物理學中最基礎的理論。運動方程式中的 m 是物體質量、v 為速度、t 為時間、F 是力。$\frac{dv}{dt}$ 為速度 v 對時間 t 的微分，稱作「加速度」。譬如當物體的加速度為每平方秒 1 公尺（m/s²）時，就表示該物體的速度會每秒加速 1 公尺。

運動方程式說明了「力等於質量與加速度的乘積」。換言之「物體的加速度與受力大小成正比，與質量成反比」。

解微分方程式，求出未知「函數」

通常，「解方程式」的意思是找出滿足方程式的未知數。另一方面，「解微分方程式」則是利用微分與積分的知識，求出滿足微分方程式的未知函數。以下方的運動方程式為例，若速度 v 是時間 t 的函數，那麼計算速度 v 這個函數就相當於在解微分方程式。也就是說，解出「運動方程式」這個微分方程式後，就可以知道物體的速度如何隨著時間改變，便能預測物體未來的運動。

此外還有許多物體定律能以微分方程式表示。譬如整合靜電力與磁力的定律「馬克士威方程式」、說明液體或氣體等流體運動的「納維—史托克方程式」（Navier-Stokes equations）、量子力學的基礎，可說明原子或電子等微小粒子行為的「薛丁格方程式」等，都是微分方程式。微分方程式可以說明自然界中各種現象的形成機制，是分析過去、預測未來的最強工具。

運動方程式

$$m\frac{dv}{dt}=F$$

運動方程式是牛頓力學中最基礎的方程式。此式顯示速度 v 對時間 t 微分得到的加速度，與力 F 成正比，與質量 m 成反比。

星體的運動也遵守微分方程式
行星、彗星等星體會受到太陽等星體的萬有引力吸引，在運動方程式的支配下繞行太陽。

彗星軌道

彗星

金星

地球

太陽

水星

火星

**雲霄飛車與彗星的運動
都須遵守微分方程式**

不管是雲霄飛車的運動，還是彗星在太空中的運動，都在運動方程式這個微分方程式的支配之下。解出微分方程式後，就可以知道速度或位置如何隨著時間改變。

column8

阿基米德的
窮竭法

我們小學學到的圖形面積與體積計算方式，與高中學到的積分在歷史上有某種聯繫。基本上，古人們之所以會去研究圖形面積的計算方法，是為了要公平分配土地所有權。學校教微積分時，會先教微分再教積分，但其實積分的研究起源較早，擁有較長的歷史。最古老的積分概念於古希臘時期便已存在。

古希臘的數學家、物理學家阿基米德在他的著作《求拋物線面積》（*Quadrature of the Parabola*）中，就有介紹如何求出拋物線與直線圍成的面積。

求拋物線內側面積的方法

阿基米德求算面積的方法如下。

首先，在拋物線內側塞入無數個三角形，計算出這些三角形的面積後將其加總，就可以得到拋物線內側的面積了。

阿基米德先從拋物線與直線圍成的區域中，切出一個與拋物線內側相接（內接）的三角形（**1**），再從剩餘部分以同樣的方式切出三角形（**2**），反覆操作相同步驟，最後就可以用三角形填滿拋物線內側

阿基米德

（公元前287～前212）

阿基米德是活躍於西西里島的古希臘數學家、物理學家。右方插圖描繪的是他在泡澡的時候想到「阿基米德原理」的著名故事。阿基米德原理提到，水中物體受到的浮力大小，會與該物體排開的水重（即該物體體積的水重）相同。後來阿基米德也發現了「槓桿原理」，並求出圓周率的近似值。當時的希臘人十分尊崇純粹的數學理論，卻鄙視可以應用在實際生活中的技術。不過，阿基米德對於數學在技術或工程上的應用很感興趣，發明了各式各樣的機械。

⊛ 積分概念源自窮竭法

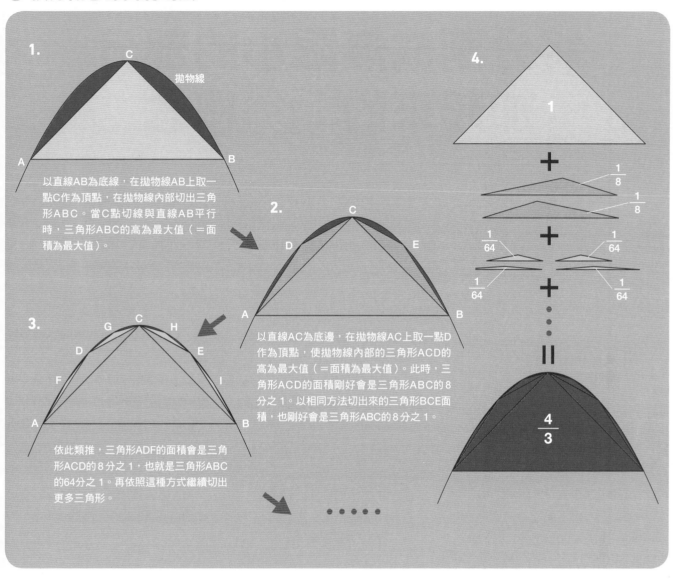

1. 以直線AB為底線，在拋物線AB上取一點C作為頂點，在拋物線內部切出三角形ABC。當C點切線與直線AB平行時，三角形ABC的高為最大值（＝面積為最大值）。

2. 以直線AC為底邊，在拋物線AC上取一點D作為頂點，使拋物線內部的三角形ACD的高為最大值（＝面積為最大值）。此時，三角形ACD的面積剛好會是三角形ABC的8分之1。以相同方法切出來的三角形BCE面積，也剛好會是三角形ABC的8分之1。

3. 依此類推，三角形ADF的面積會是三角形ACD的8分之1，也就是三角形ABC的64分之1。再依照這種方式繼續切出更多三角形。

了（**3**）。

　　阿基米德設最初切下來的三角形面積為1，並證明了第二次切下來的三角形面積為 $\frac{1}{8}$，第三次切下來的三角形為第二次切下來之三角形的 $\frac{1}{8}$（也就是最初三角形的 $\frac{1}{64}$）。若「無限」切出多個三角形再加總，就可以得到拋物線內側的面積，也就是最初三角形的 $\frac{4}{3}$（**4**），可說是個完美的求值過程。

　　這種由阿基米德發現，將拋物線內側形狀切割後分別計算面積再加總的方法，稱作「窮竭法」。

> # 為什麼
> # 微分和積分要
> # 一起學

　　這種「分割成細小片段」再加總，以計算面積或容積的積分概念，與微分相似，由此可看出微分與積分互為相反關係。牛頓注意到了這點，並發表了嚴謹的數學推導過程，說明如何計算函數曲線所圍住範圍的面積。於是，微分與積分便整合成了微積分領域。　🪐

將分割成無限小的部分加起來的**積分**概念

在阿基米德之後過了約1800年，德國的天文學家克卜勒試著將阿基米德的積分概念，也就是「無止盡地切下去，再加總起來」的想法應用在天文學上。

由火星的軌道計算發現運動定律

1604年左右，克卜勒看到了他的老師，天文學家第谷（Tycho Brahe，1546～1601）留下的大量火星觀測紀錄。這讓克卜勒覺得，他或許可以由這些紀錄計算出正確的火星軌道。

在經歷多次嘗試錯誤之後，克卜勒得出我們現在說的「克卜勒第二定律」。這個定律提到「在相等時間間隔內，連接太陽與火星（也適用於其他行星）的線段所掃過的扇形面積均相等」（**2**）。

克卜勒利用阿基米德的方法，將連接太陽與火星的線段所掃過的扇形，分割成無限個小小的三角形，分別計算其面積後再加總起來。

另外，雖然這個定律稱為克卜勒第二定律，但據說這個定律比第一定律（行星公轉軌道為橢圓形，太陽位於橢圓的一個焦點上）還要早被發現。

用分割成無限片段再加總的概念，計算酒桶容積

克卜勒透過多次嘗試錯誤與大量的計算，得出了第二定律。不過，在計算由曲線圍成區域之面積這方面，他並沒有開發出一套適用於一般情況的方法。

因此，雖然這確實是積分的概念，但積分法在這個時間點還不能算是完成。

雖然在數學上並不嚴謹，不過克卜勒確實曾經思考過如何運用「分割成無限片段再加總的概念」，來計算酒桶體積（1615年，《酒桶的新立體幾何學》，**1**）。

對17世紀的積分發展來說，克卜勒的這些貢獻是很重要的一步。🪐

克卜勒
（1571～1630）

克卜勒出生於德國的魏爾代施塔特（Weil der Stadt）小鎮，是一家酒館老闆的長男。克卜勒小時候身體虛弱，長大後卻陸續取得了數學、天文學、神學的碩士學位。後來他成為了第谷的弟子，在布拉格觀測天文。克卜勒就是從這些觀測資料發現了「克卜勒定律」。雖然他對學術界有很大的貢獻，但因為被捲入宗教戰爭而多次轉職、搬家，妻子與子女因為天花而死亡，年老的母親還被懷疑是魔女，歷經了許多人生的風風雨雨。

計算酒桶體積時產生的想法

1. 將酒桶切成許多個薄圓盤再加總求體積

當時的葡萄酒商人會用長棒插入桶內,由長棒浸濕部分的長度計算桶內酒量(**A**),但克卜勒認為這種測量結果並不精確。於是克卜勒想利用切割成無限小的方法,試著求出酒桶這種由曲線圍成的立體形狀體積。克卜勒想像酒桶由許多無限薄的圓盤堆疊而成(**B**)。這麼一來,我們就能用(圓面積)×(厚度)求出各圓盤的體積,接著再將其加總起來,就可以求出酒桶的體積(**C**)。

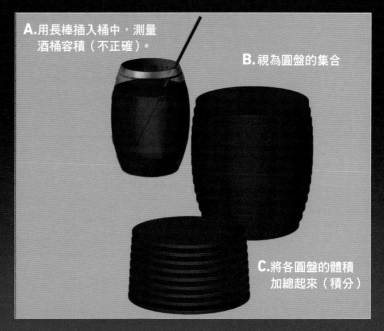

A.用長棒插入桶中,測量酒桶容積(不正確)。

B.視為圓盤的集合

C.將各圓盤的體積加總起來(積分)

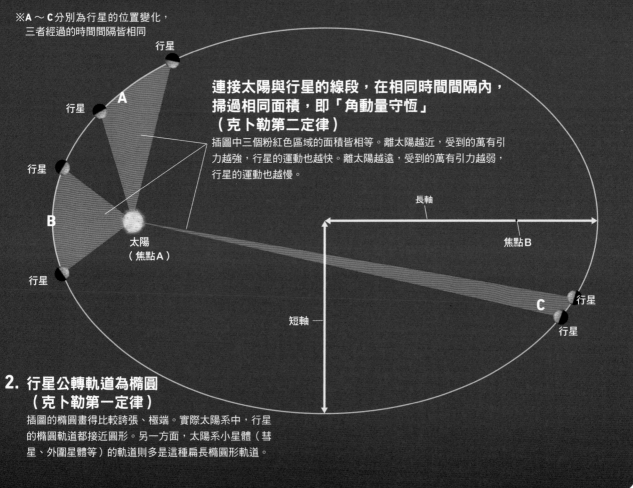

※**A～C**分別為行星的位置變化,三者經過的時間間隔皆相同

行星

行星

行星

A

B

行星

太陽
(焦點A)

長軸

焦點B

短軸

C 行星

行星

連接太陽與行星的線段,在相同時間間隔內,掃過相同面積,即「角動量守恆」(克卜勒第二定律)

插圖中三個粉紅色區域的面積皆相等。離太陽越近,受到的萬有引力越強,行星的運動也越快。離太陽越遠,受到的萬有引力越弱,行星的運動也越慢。

2. 行星公轉軌道為橢圓(克卜勒第一定律)

插圖的橢圓畫得比較誇張、極端。實際太陽系中,行星的橢圓軌道都接近圓形。另一方面,太陽系小星體(彗星、外圍星體等)的軌道則多是這種扁長橢圓形軌道。

房間過多久之後會變暖？

如 同我們前面介紹的，只要有微積分的知識，就可以求出某個被圍起來的區域面積或體積，或是某個數值的變化方式。令人意想不到的是，善用微積分還能計算出暖氣使房間變溫暖的速度。

暖氣要多久才會使房間變暖？

假設打開暖氣後，房間溫度上升的速度一直是每分鐘1℃。

如果暖氣持續開了10分鐘，那麼房間的溫度會是1×10＝10，也就是上升10℃。

假設縱軸是溫度上升的速度，橫軸是時間，便可畫出第75頁的圖1。斜線部分所圍面積是10分鐘後

> ### 暖氣的溫度調整技術會應用到微積分的概念

房間上升的溫度。

但事實上，室內溫度越高，暖氣加熱房間的速度就越慢。

舉例來說，對同一個暖氣來說，與將房間從10℃升溫到20℃相比，將房間從30℃升溫到40℃應該會花費比較長的時間才對。

將溫度上升速度以圖2般的函數來表示，可以得到更接近現實情況的數值。

暖氣的控制技術

由圖2可以看出，打開暖氣時，房間溫度上升得越高，溫度上升的速度就越慢。

設時間為 t，溫度上升速度為函數 $f(t)$，比較 $f(t)$ 的斜線面積與圖1的斜線面積，可以輕易看出兩個房間溫度上升情況的差異。

由圖2可以看出，要將房間溫度提升10℃須花費15分鐘。

實際上，暖氣的溫度自動控制技術，就包含了這種積分概念。

當我們打開暖氣，並設定成自動控制房間溫度時，會希望暖氣可以盡快的提升溫度。但另一方面，如果加熱速度太快，就會超過設定的溫度。

暖氣會使用PID控制技術，使房間能盡快達到設定的溫度。PID分別是Proportional（比例）、Integral（積分）、Differential（微分）的首字母，也就是應用微積分概念，控制暖氣輸出的技術。

微分與積分就像乘法與除法一樣互為表裡。這個專欄介紹的是運用積分控制溫度提升速度的例子。相對的，我們也可以用微分來控制房間溫度上升的速度。

⊙ 以函數計算房間的升溫速度

房間升溫速度固定的情況

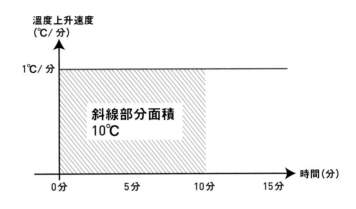

10分鐘內會上升多少℃？

1℃/分 × 10分 ＝ 10℃

房間升溫速度不固定的情況

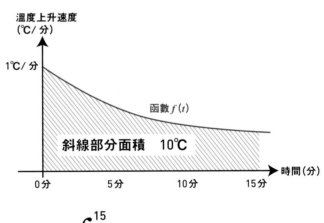

$$\int_0^{15} f(t) = 10℃$$

以積分求出面積，
得知15分鐘會內上升10℃。

簡單來說，微積分可以運用在各式各樣的技術上。　　🪐

常用數學重要公式

這裡列出了在國高中數學範圍內，但本章未能提及的重要數學公式。

微分的計算方式

$y = f(x)$ 在 $x = a$ 的切線斜率，稱作 $x = a$ 的「導數」，可寫成 $f'(a)$。導數可由以下公式求得。

$$f'(a) = \lim_{h \to 0} \frac{f(a+h) - f(a)}{h}$$

其中，$\lim\limits_{h \to 0}$ 這個運算符號稱為「極限」，意為「當 h 無限趨近於 0 時」。$\lim$ 讀做「limit」。而 $y = f(x)$ 上所有點（任何 x 值）的切線斜率所構成的函數稱為「導函數」，可以用 $f'(x)$ 或 $\frac{dy}{dx}$ 的符號表示。求導函數的過程一般稱作「微分」。導函數可由以下公式（將上式的常數 a 換成變數 x 即可）求得。

$$f'(x) = \lim_{h \to 0} \frac{f(x+h) - f(x)}{h}$$

x^n 的微分公式與常數的微分

① $f(x) = x^n$ 時，$f'(x) = nx^{n-1}$

② $f(x) = a$（常數）時，$f'(x) = 0$

①是微分公式中十分重要的公式。將 x^n 微分時，須將指數 n 提到前面，然後將指數減去 1。②也是很重要的公式。不管數值大小，只要是常數，微分後都等於 0。

例：
設 $f(x) = -5x^2 + 20x$，那麼
$f'(x) = -10x + 20$ 這裡的 $f(x)$ 相當於第58頁正文中，球在 x 秒後所在位置的函數。將 $f(x)$ 微分後得到的 $f'(x)$ 則表示球在 x 秒後的速度。

積分的計算方法：區分求積法

積分可求出曲線 $y = f(x)$ 與 x 軸所圍區域面積。將 x 從 0 到 a 的範圍分成 n 等分，從左算起第 k 個長方形面積為 $f\left(\frac{ka}{n}\right) \times \frac{a}{n}$。將第 1 個長方形到第 n 個長方形的面積加總起來，然後令 n 趨近無限大（$n \to \infty$），就可以求出該區域的面積了。具體計算方式如下。

$$面積 = \lim_{n \to \infty} \left[\sum_{k=1}^{n} \left\{ f\left(\frac{ka}{n}\right) \times \frac{a}{n} \right\} \right]$$

$\sum\limits_{k=1}^{n}$ 是表示「$k = 1$ 到 $k = n$ 的總和」的符號，$\sum$ 念作「sigma」。

可算出具體面積的「定積分」

「求微分後得到 $f(x)$ 的函數（反導函數）$F(x)$ 的計算過程」是一種積分，稱作「不定積分」。

實際以 $F(x)$ 計算面積的過程如下。$y=f(x)$、x 軸、$x=a$、$x=b$ 所圍區域（右圖淡紅色區域）的面積可寫成 $\int_a^b f(x)\,dx$。計算過程如下。

$$\int_a^b f(x)\,dx = [F(x)]ab = F(b) - F(a)$$

如上式所示，$[F(x)]ab$ 為 $x=b$ 代入 $F(x)$ 得到的值，減去 $x=a$ 代入 $F(x)$ 得到的值」。以上積分計算稱作「定積分」。

另外，計算定積分時，會將 x 軸下方的面積算成負值。

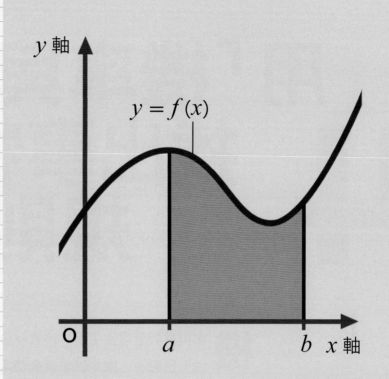

微積分公式

註：以下登場的 C 為積分常數，微分後為0。

Ⓐ 三角函數的微分與積分

$$(\sin x)' = \cos x \iff \int \cos x\,dx = \sin x + C$$

$$(\cos x)' = -\sin x \iff \int \sin x\,dx = -\cos x + C$$

Ⓑ 指數函數的微分與積分

$$(a^x)' = a^x \log_e a \iff \int a^x dx = \frac{a^x}{\log_e a} + C$$

$$(e^x)' = e^x \iff \int e^x dx = e^x + C$$

Ⓒ 對數函數的微分與積分

$$(\log_e x)' = \frac{1}{x} \iff \int \frac{1}{x}dx = \log_e x + C$$

（設 $x>0$）　　　　　　　（設 $x>0$）

基本上，計算函數的積分可以說是「找出微分後會變回該函數的函數」。Ⓑ公式中的 e 為「自然對數的底數」，是一個無理數，約為2.718。它有一個有趣的特徵，那就是 e^x 的微分或積分，都會等於自身 e^x（但如果是不定積分，積分結果就須要加上一個積分常數 C）。

第59頁中提到，x^n 微分後會得到 nx^{n-1}，也就是指數部分會減1。$\frac{1}{x}$ 為 x^{-1}，但 x^0（$=1$）微分後為0，所以 x^n 形式的函數中，不存在微分後會得到 x^{-1} 的函數。如Ⓒ公式所示，微分後會得到 x^{-1} 的函數，是以 e 為底數的對數函數。

4

用「機率與統計」找出事物的規則

機率與統計是現實生活、現實社會中應用相對較廣的領域。玩骰子、撲克牌等遊戲時須考慮機率，要理解日本考試「偏差值」的正確意義時，也需要統計學知識。第 4 章中，我們會用具體的例子，說明機率與統計的基礎。

機率代表事件發生「可能性」的數值化結果

我們在國高中學到的「機率」，在日常生活中的應用隨處可見，譬如天氣的降雨機率、棒球選手的打擊率及防禦率、賽馬的賠率、彩券的期望值（獎金×中獎機率）等。

舉例來說，像是「氣象預報說今天降雨機率只有10％，所以可以不用帶傘」，將事件發生的「可能性」數值化的結果，就是機率。

數學性機率可由計算求得

機率大致上可以分成兩種。

一種是「數學性機率」。舉例來說，若我們想算出擲骰子時擲出偶數點的機率，須計算所有可能結果數（骰子有多少面），與所求結果數（偶數點有多少面）的比例，也就是 $\frac{1}{2}$。

像這樣透過邏輯上的計算，求出的某事件發生可能性，就是數學性機率。

統計性機率可由過去的資料求得

另一方面，「統計性機率」則是運用統計學，求出某種現象的發生頻率。

舉例來說，假設某棒球選手的打擊率有 3 成，那麼這個 3 成打擊率就是由該名選手過去的打擊紀錄計算出來的機率。

我們無法確定該名打者未來是否會保持相同的打擊率。不過，數學性機率會一直保持相同的機率。

機率學誕生自賭博

機率包括數學性機率與統計性機率。兩者最大的差別在於，能否單靠計算求出結果。數學性機率可以只靠計算求出結果；統計性機率則須要蒐集統計資料（data又譯為數據）。數學性機率誕生於16世紀左右，是人們研究賭骰子時推導出來的學問。

日本彩券中的迷你樂透、樂透6、樂透7中,哪個「期望值」比較高?

擲兩個骰子,假設我們將擲出點數分成三種結果,分別是1一對(兩骰子點數相同)、1以外的點數一對、其他結果。如果你賭1一對,賭贏了可以拿到獎金1萬元;如果你賭1以外的點數一對,賭贏了可以拿到獎金3000元;如果你賭其他結果,賭贏了可以拿到獎金400元。那麼,你應該要賭哪種結果呢?

參加這種賭局時,計算「期望值」可以幫助我們進行「合理的判斷」。上例中的期望值,就是當你賭特定結果時,期望獲得的「應有金額」。各種結果的期望值皆可由「獎金×機率」計算出來,也可加總起來,得到整個賭局的獎金期望值。

讓我們用前面的例子來算算看吧。首先,擲出1一對的機率為36分之1,擲出1以外的點數一對的機率為36分之5,擲出其他結果的機率是36分之30(6分之5)。所以賭1一對的期望值為

$10000元×\frac{1}{36}+0元×\frac{5}{36}+0元×\frac{5}{6}$
$=約278元$

賭1以外的點數一對的期望值為
$0元×\frac{1}{36}+3000元×\frac{5}{36}+0元×\frac{5}{6}$
$=約417元$

賭其他結果的期望值為
$0元×\frac{1}{36}+0元×\frac{5}{36}+400元×\frac{5}{6}$
$=約333元$

由以上結果可以知道,賭1以外點數一對時期望值最高。也就是說,賭1以外的點數一對是最合理的選擇。

接著來算算看實際的日本彩券

中,迷你樂透、樂透6、樂透7的期望值分別是多少吧。三種樂透都是選出數個自己喜歡的號碼,再對照開獎結果,根據有幾個號碼相同以決定獲得多少獎金。各種樂透的中獎機率,皆可由「滿足中獎條件的號碼組合數,除以可選擇號碼的組合數」求得。以迷你樂透的1等獎為例,玩家須從31個號碼中選出5個號碼,且這5個號碼必須與開獎號碼的5個「正規號」完全相同,才算是中了1等獎。從31個號碼選擇5個的組合數為16萬9911種($_{31}C_5$種。計算組合數$_nC_r$的方法請參考第108頁),1等獎的組合數為1種,故中1等獎的機率為16萬9911分之1。

彩券的期望值比購買金額還要低

實際計算三種樂透的期望值,可得迷你樂透的期望值約為89.8日圓,樂透6約為89.9日圓,樂透7約為133.6日圓(右頁)。迷你樂透與樂透6每注200日圓,樂透7每注300日圓。如果樂透7每注降為200日圓,並等比例降低期望值,那麼樂透7的期望值會是89.1日圓。雖然三者期望值略有差異,卻幾乎相同,很難說買哪個比較划算。

而且基本上,彩券或賭博的期望值,一般都會設定得比中獎時獲得的獎金還要少,這樣經營單位(莊家)才不會賠錢。

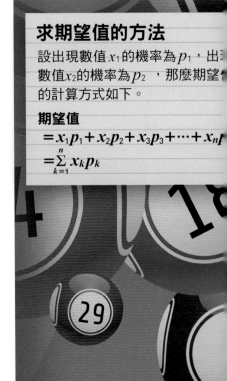

求期望值的方法

設出現數值x_1的機率為p_1,出現數值x_2的機率為p_2,那麼期望值的計算方式如下。

期望值
$$=x_1p_1+x_2p_2+x_3p_3+\cdots+x_np_n$$
$$=\sum_{k=1}^{n}x_kp_k$$

彩券的期望值是多少?

右方為日本可自選號碼的三種樂透「迷你樂透」、「樂透6」、「樂透7」的期望值計算方式。中獎金額會依照彩券販售總額與中獎注數的不同而變動。這裡使用的中獎金額是日本瑞穗銀行網站公布的「理論值」。另外,如果彩券同時符合多個獎等的中獎條件,則以最高獎金者優先,不能同時中兩個以上的獎等。

迷你樂透

1 注200日圓,從1～31的31個號碼中選出 5 個號碼。可選擇的號碼組合數共有16萬9911種組合（ $_{31}C_5$ 種）。玩家的 5 個「玩家選號」,須與隨機抽取的 5 個「正規號」及 1 個「特別號」對獎,由中獎號碼數決定中獎金額。

◎1 等獎:5 個玩家選號與 5 個正規號完全相同
　　　…中獎金額為1000萬日圓,機率為16萬9911分之1
◎2 等獎:5 個玩家選號中,有 4 個號碼與正規號相同,1 個號碼與特別號相同
　　　…中獎金額為15萬9911分之5
◎3 等獎:5 個玩家選號中,有 4 個號碼與正規號相同
　　　…中獎金額為 1 萬日圓,機率為16萬9911分之125
◎4 等獎:5 個玩家選號中,有 3 個號碼與正規號相同
　　　…中獎金額為1000日圓,機率為16萬9911分之3250

$$期望值 = 10000000 \times \frac{1}{169911} + 150000 \times \frac{5}{169911} + 10000 \times \frac{125}{169911} + 1000 \times \frac{3250}{169911}$$

$$= 約89.8日圓$$

樂透6

1 注200日圓,從1～43的43個號碼中選出 6 個號碼。可選擇的號碼組合數共有609萬6454種組合（ $_{43}C_6$ 種）。玩家的 6 個「玩家選號」,須與隨機抽取的 6 個「正規號」及 1 個「特別號」對獎,由中獎號碼數決定中獎金額。

◎1 等獎:6 個玩家選號與 6 個正規號完全相同
　　　…中獎金額為 2 億日圓,機率為609萬6454分之1
◎2 等獎:6 個玩家選號中,有 5 個號碼與正規號相同,1 個號碼與特別號相同
　　　…中獎金額為1000萬日圓,機率為609萬6454分之6
◎3 等獎:6 個玩家選號中,有 5 個號碼與正規號相同
　　　…中獎金額為30萬日圓,機率為609萬6454分之216
◎4 等獎:6 個玩家選號中,有 4 個號碼與正規號相同
　　　…中獎金額為6800日圓,機率為609萬6454分之9990
◎5 等獎:6 個玩家選號中,有 3 個號碼與正規號相同
　　　…中獎金額為1000日圓,機率為609萬6454分之15萬5400

$$期望值 = 200000000 \times \frac{1}{6096454} + 10000000 \times \frac{6}{6096454} + 300000 \times \frac{216}{6096454}$$

$$+ 6800 \times \frac{9990}{6096454} + 1000 \times \frac{155400}{6096454}$$

$$= 約89.9日圓$$

樂透7

1 注300日圓,從1～37的37個號碼中選出 7 個號碼。可選擇的號碼組合數共有1029萬5472種組合（ $_{37}C_7$ 種）。玩家的 7 個「玩家選號」,須與隨機抽取的 7 個「正規號」及 2 個「特別號」對獎,由中獎號碼數決定中獎金額。

◎1 等獎:7 個玩家選號與 7 個正規號完全相同
　　　…中獎金額為 6 億日圓,機率為1029萬5472分之1
◎2 等獎:7 個玩家選號中,有 6 個號碼與正規號相同,1 個號碼與特別號相同
　　　…中獎金額為730萬日圓,機率為1029萬5472分之14
◎3 等獎:7 個玩家選號中,有 6 個號碼與正規號相同
　　　…中獎金額為73萬日圓,機率為1029萬5472分之196
◎4 等獎:7 個玩家選號中,有 5 個號碼與正規號相同
　　　…中獎金額為9100日圓,機率為1029萬5472分之9135
◎5 等獎:7 個玩家選號中,有 4 個號碼與正規號相同
　　　…中獎金額為1440日圓,機率為1029萬5472分之14萬2100
◎6 等獎:7 個玩家選號中,有 3 個號碼與正規號相同,有 1 個或 2 個號碼與特別號相同
　　　…中獎金額為1000日圓,機率為1029萬5472分之24萬2550

$$期望值 = 600000000 \times \frac{1}{10295472} + 7300000 \times \frac{14}{10295472} + 730000 \times \frac{196}{10295472}$$

$$+ 9100 \times \frac{9135}{10295472} + 1440 \times \frac{142100}{10295472} + 1000 \times \frac{242550}{10295472}$$

$$= 約133.6日圓 \quad \rightarrow \quad 若換算成每注200日圓,則期望值 約89.1日圓$$

調查的範圍越廣，
數據越接近「平均值」

日本有句話是「槍法再差，多射幾次也會命中」。即使射手隨便亂射，只要射擊次數夠多，仍可能矇到一發。

相反的，如果只射一發就命中，並無法確定射手槍法好不好，因為有可能只是剛好矇到。如果要知道射手的槍法如何，必須讓射手大量射擊，再分析其命中率。

調查範圍太小的話，數據會參差不齊

右圖中，我們用電腦在大圓內隨機標出 1 萬個白點。圖中有些地方聚集了許多白點，有些地方的白點則分布得很散。由此可以看出，即使是隨機標出白點，如果調查的範圍過於狹窄，白點的個數會有很大的落差，數據也會參差不齊（比較左頁的兩個圓）。

另一方面，如果擴大調查範圍，每次調查結果之間的變異程度就會縮小，較接近平均值（比較右頁的兩個圓）。這在數學機率（機率論）中，稱作「大數法則」（law of large numbers）。

將「大數法則」視覺化

在此以電腦生成模擬亂數（random number），將 1 萬個點隨機配置在大圓內，可得到右圖。平均而言，面積為1000分之 1 大圓的區域（綠）應該會有10個點才對，實際上卻有很大的落差（左頁）；面積為100分之 1 大圓的區域（橘）中，實際包含點數的落差則相對較小，較接近平均值（100個），請參考右頁。

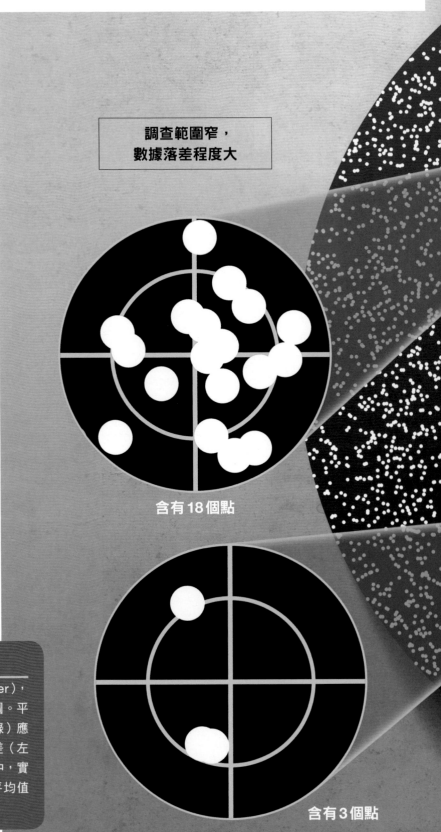

調查範圍窄，
數據落差程度大

含有18個點

含有3個點

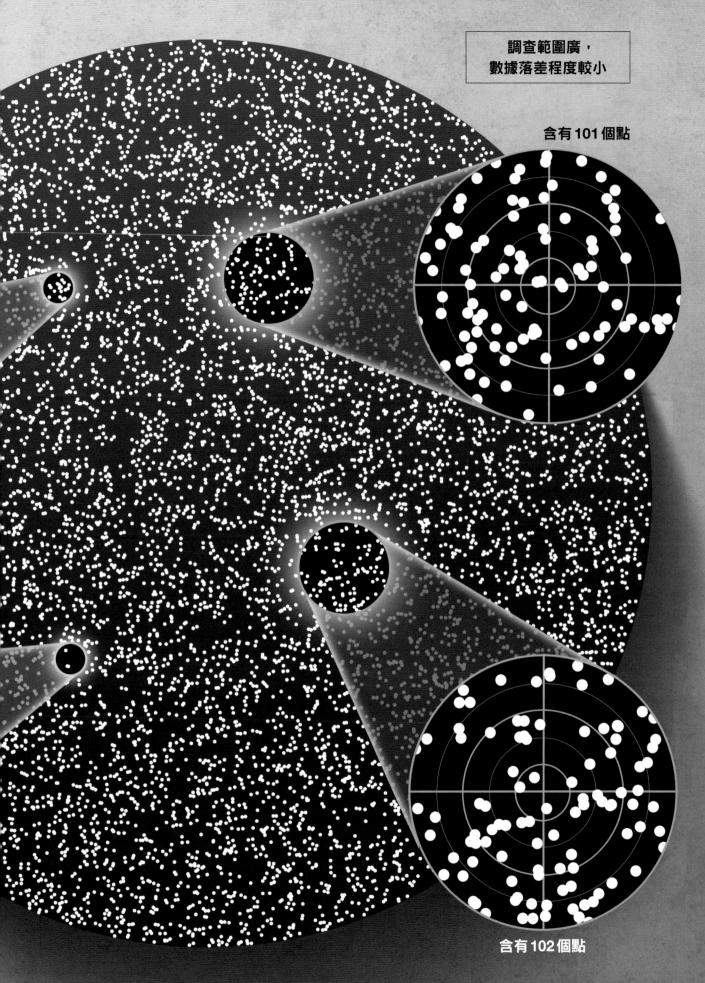

調查範圍廣，
數據落差程度較小

含有101個點

含有102個點

為什麼賭徒越賭輸越多？

有 些賭博的玩法能讓人在很低的機率下獲得很高的報酬。不過在玩這種賭博時，如果沒有重複多次，實際獲得的金額常會與期望值有一段落差。

相反的，如果是能在很高的機率下獲得較少報酬的賭博玩法，則不須重複多次，實際獲得金額就會相當接近期望值。

賭越多次，對莊家越有利

擲骰子的時候，每一面出現的機率都是 $\frac{1}{6}$。不過，就像我

只擲20次時，骰子的點數不平均，但擲1000次時就會平均許多

擲骰子時，擲出各種點數的機率皆為 $\frac{1}{6}$。不過，擲20次骰子並統計結果時，會發現各點數的出現次數並不平均。然而，如果擲100次、1000次，擲越多次，各點數的出現比例就越接近 $\frac{1}{6}$。這就是大數法則。

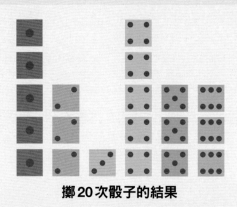

擲20次骰子的結果

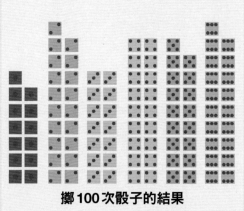

擲100次骰子的結果

們一開始所說,「擲六次骰子時每一面都出現一次」這種事反而很少發生。不過擲越多次骰子,各種點數出現的比例就越接近 $\frac{1}{6}$。這也是大數法則的一個例子。

大數法則有個條件,那就是各個事件要彼此「獨立」。所謂的「獨立」,指的是每個出象（outcome,一次事件的結果）不會互相影響、彼此無關。擲骰過程中,不會有「擲出1點後比較容易擲出6點」之類的情況。不管擲多少次,每次出象都彼此獨立。

世界上所有賭博,基本上都會設定成對莊家有利。也就是說,玩家獲得的獎金期望值,往往會小於下注賭金。

參加者越多、賭博次數越多,由「大數法則」可以知道,莊家獲得的金額越多。賭越多次,越接近機率算出來的理論值,莊家越不可能輸。所以說,就機率論看來,「賭徒越賭輸越多」。

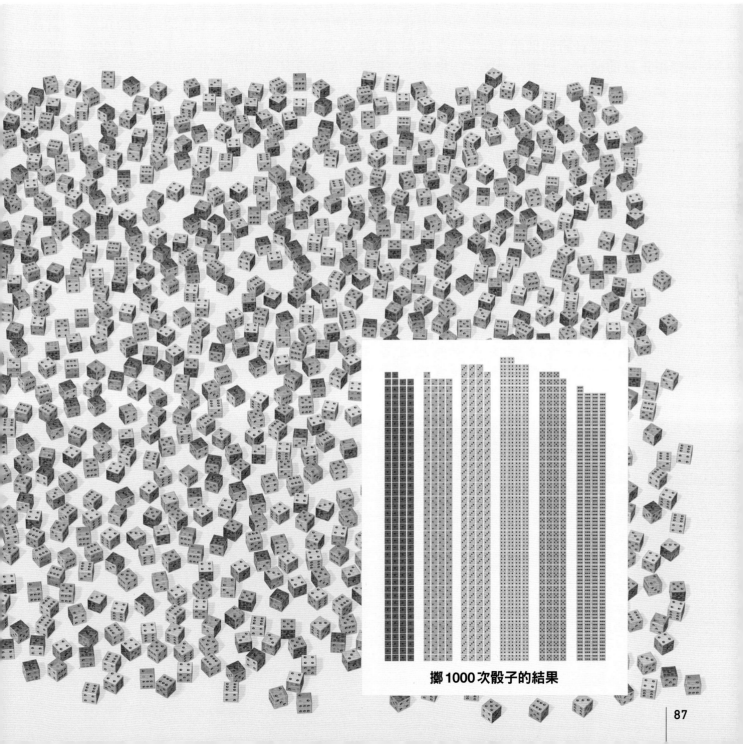

擲1000次骰子的結果

某AI有99%機率做出正確判斷。若AI判定某人為「犯人」，那這人是犯人的可能性是多少％？

想像我們丟出兩枚硬幣，並猜測硬幣落地後的正反面情況。假設已知有一個硬幣是正面，那麼另一個硬幣也是正面的機率是多少？應該有不少人會直覺認為答案是「2分之1」吧！但正確答案其實是3分之1。

在沒有任何資訊的情況下，硬幣正反面情況（出象）共有〔正，正〕、〔正，反〕、〔反，正〕、〔反，反〕等四種，四種出象的機率均相等。已知其中一枚硬幣是正面，那麼〔反，反〕的可能性就消失了。剩下的三種出象中，另一枚硬幣也是正面的出象只有〔正，正〕一種，所以機率為3分之1。

這種「已知某事件X發生，在此前提下發生另一事件Y的機率」，稱作「條件機率」，可寫成P（Y｜X）。如本例所示，條件機率常違反我們的直覺。

重點在於「嫌疑犯有幾個人」

由結果推論原因所用的「貝氏定理」（Bayes' theorem），是條件機率的應用之一（參考右頁說明欄的介紹）。當我們已知結果B，想知道此時原因A發生的機率時，便可用貝氏定理算出P（原因A｜結果B）。

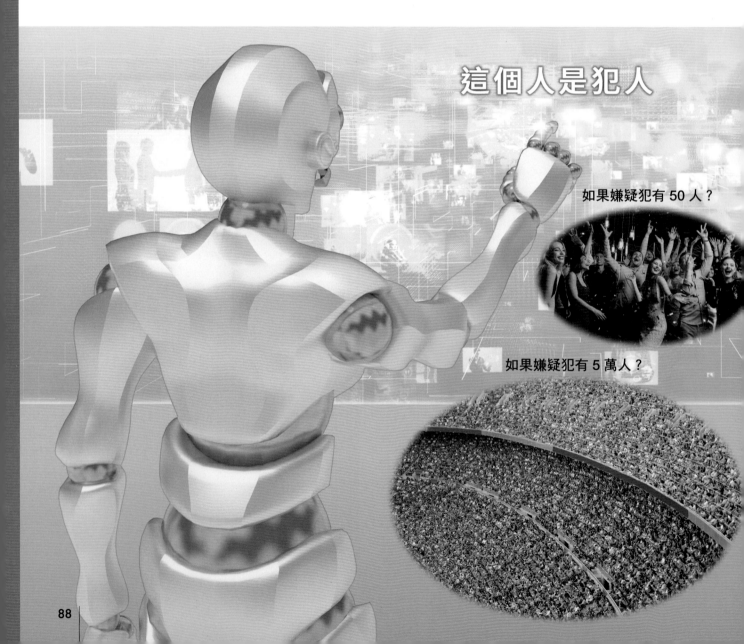

這個人是犯人

如果嫌疑犯有 50 人？

如果嫌疑犯有 5 萬人？

假設有個AI，可以透過犯罪現場留下的各種資訊，判斷某人是否為犯人。當某人確實為犯人時，這個AI有99%的機率正確判斷出這個人是「犯人」；當某人不是犯人時，這個AI有99%的機率正確判斷出這個人「不是犯人」（這兩個機率在一般狀況下並不相同，不過為了簡化問題，這裡假設兩者相同）。假設AI判斷人物X是某事件的犯人，那麼X確實是犯人的機率是多少％呢？或許你會覺得，不是就99%嗎？但事實並非如此。隨著嫌疑犯人數的不同，這個機率也會有很大的落差。

假設一場派對上發生了刑事案件。50名派對參加者皆為嫌疑犯，有1名為犯人。根據貝氏定理，當AI判斷X是犯人時，X確實是犯人的機率約為67％（詳情請參考以下說明欄）。因為AI還有1%的機率會把其餘49名清白者判定為犯人，所以X真的是犯人的機率也會縮小。

假設是棒球場發生了刑事案件。5萬名觀眾皆為嫌疑犯，有1名為犯人。根據貝氏定理，當AI判斷X是犯人時，X確實是犯人的機率僅為0.2%。當嫌疑犯增加到5萬人時，即使AI判定某人為犯人，這人真的是犯人的機率也相當低。

貝氏定理也可以應用在新冠病毒的PCR檢查或癌症檢查上。一般的疾病檢查中，如果沒有先用某些方式篩選出比較有可能是陽性的對象，那麼將實際上沒有得病的人判斷成「陽性」的比例就會增加，這點要特別注意。

貝氏定理

$$P(原因A \mid 結果B) = \frac{P(原因A) \times P(結果B \mid 原因A)}{P(結果B)}$$

以上為求算「結果為B時，原因A發生的機率」時使用的「貝氏定理」。$P(X)$ 為「事件X發生的機率」，$P(Y \mid X)$ 為「已發生事件X時，發生事件Y的機率」，為條件機率。貝氏定理是由結果推論原因的「貝氏統計」之基礎。

問題：AI判定X為犯人時，X真的是犯人的機率是多少？

①嫌疑犯有50人時

50人中有1人是犯人，所以「AI判定前，X是犯人的機率」為 $P(犯人)=0.02$。「若X是犯人，被判定為犯人的機率」為 $P(判定 \mid 犯人)=0.99$。「AI判定X為犯人的機率 $P(判定)$」為「真正的犯人被判定為犯人的機率」與「不是犯人卻被AI判定為犯人的機率」的合計，前者為0.02×0.99，後者為0.98×0.01，故 $P(判定)=0.0296$。將以上數字套入貝氏定理後可以得到

$$P(犯人 \mid 判定) = \frac{P(犯人) \times P(判定 \mid 犯人)}{P(判定)} = \frac{0.02 \times 0.99}{0.0296} = 0.668 \cdots = 約67\%$$

②嫌疑犯有5萬人時

5萬人中有1人是犯人，所以 $P(犯人)=0.00002$。「若X是犯人，被判定為犯人的機率」為 $P(判定 \mid 犯人)=0.99$。「真正的犯人被判定為犯人的機率」為0.00002×0.99；「不是犯人卻被判定為犯人的機率」為0.99998×0.01。「AI判定X為犯人的機率 $P(判定)$」為上述兩者加總，故 $P(判定)=0.0100196$。將以上數字套入貝氏定理後可以得到

$$P(犯人 \mid 判定) = \frac{P(犯人) \times P(判定 \mid 犯人)}{P(判定)} = \frac{0.00002 \times 0.99}{0.0100196} = 0.00197 \cdots = 約0.2\%$$

大喊「狼來了！」的少年可以相信嗎？

《伊**索寓言》中知名的＜狼來了＞故事如下。

某個村莊有個牧羊少年，因為覺得太無聊，便撒謊大喊「狼來了！」呼叫村民來幫忙。村民們拿著武器趕來驅逐狼群，卻發現是牧羊少年的惡作劇，於是笑了笑返回工作崗位。少年後來又撒了好幾次謊，村民們也被騙了好幾次。

某天，真的有狼來攻擊羊群。但不管少年再怎麼喊「狼來了！」村民們都覺得「我不會再被騙了！」而不肯前來幫忙驅逐狼群。最後，少年失去了所有的羊。

考慮少年「說謊」的機率

讓我們透過貝氏定理來看這個故事吧。假設村民一開始很信任少年，認為少年說謊的機率為0.1，誠實的機率是0.9（事前機率）。

假設少年是誠實的，當他大喊「狼來了！」的時候，村民有0.8的機率會發現狼，狼來了卻逃跑而沒有被村民發現的機率為0.2。

另一方面，假設少年說謊，當他大喊「狼來了！」時，村民有0.3的機率會發現狼※；0.7的機率不會發現狼。

少年是誠實的？還是在說謊？

某天，少年大喊「狼來了！」但村民們沒有發現狼。原因可能有兩個：少年是誠實的但狼逃走了，或少年在說謊，狼並沒有來。

此時，由貝氏定理可計算少年在說謊的機率（事後機率）為0.28。少年說謊的機率從10％提高到了28％。在這種機率的變化上，貝氏統計學是相當重要的工具。

※：即使少年在說謊，如果恰巧狼真的來了，也會大喊「狼來了！」求救。

運用貝氏定理計算

少年在說謊或是誠實的機率（事前機率）分別如下。

$$P（說謊）= 0.1 \qquad P（誠實）= 0.9$$

少年誠實時

$$P（發現｜誠實）= 0.8 \qquad P（未發現｜誠實）= 0.2$$

少年說謊時

$$P（發現｜說謊）= 0.3 \qquad P（未發現｜說謊）= 0.7$$

由以上數字可以知道，若村民未發現狼，那麼少年說謊的機率（少年的事後機率）如下。

$$P（說謊｜未發現）= 0.28$$
$$P（誠實｜未發現）= 0.72$$

本例事後機率的計算方法如下。

$$P（說謊｜未發現）$$
$$= \frac{P（說謊）× P（未發現｜說謊）}{P（未發現）}$$
$$= \frac{P（說謊）× P（未發現｜說謊）}{P（說謊）× P（未發現｜說謊）+ P（誠實）× P（未發現｜誠實）}$$
$$= \frac{0.1 × 0.7}{0.1 × 0.7 + 0.9 × 0.2} = 0.28（28\%）$$

$$P（誠實｜未發現）$$
$$= 1 - P（說謊｜未發現）$$
$$= 1 - 0.28 = 0.72（72\%）$$

貝氏更新版的
「牧羊少年」

牧羊少年大喊「狼來了！」的示意圖。若從貝氏統計的角度來思考伊索寓言中的「狼來了！」會是個很有趣的例子。

統計學的目的是找出
某個現象的規則

臺灣「十二年國民基本教育課程綱要總綱」於2019年已將「統計圖表與資料分析」列入國中教材,可見統計學已成為近在你我身邊的學問。

英國人口統計學家,葛蘭特(John Graunt,1620～1674)是建構統計學基礎的學者。他在倫敦購買了歷年「死亡登記表」(Bills of mortality),並仔細觀察、計算表中數字。「死亡登記表」是在市內教會接受洗禮、舉行結婚典禮、葬禮的紀錄。研究這份紀錄,可以看出當時人們出生與死亡遵循著一定的規則。舉

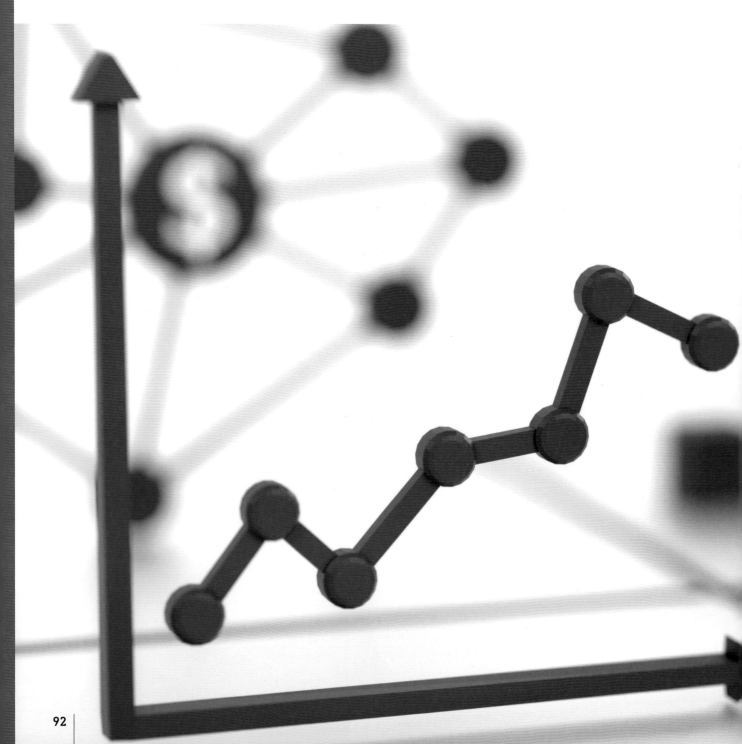

例來說，有 3 成的嬰兒會在 4 歲以前夭折，活下來的嬰兒也有 36% 會在 6 歲以前夭折。他由「死亡登記表」推論出了106條規則。

敘述統計學與推論統計學

這個方法在今天被稱作「敘述統計學」（descriptive statistics）。敘述統計學中，當我們想知道整體（母體）的規則時，必須調查整個母體，也就是所謂的「普查」（census）。接著觀察調查來的大量資料，整理、推導出數字間的規則。

人們在最近這一世紀間，以敘述統計學為基礎，發展出了一套「推論統計學」（inferential statistics）的理論體系。

學者由各種實驗結果得出結論，比起調查整個母體，透過觀察「平均」來尋找數據的規則會更有效率。其中，人們還發展出用機率來表示母體規則的方法。「機率」（機率論）等數學理論的活用，使統計學有了飛躍性的成長。

懷疑鼠疫死亡率的真實性

葛蘭特的著作《對死亡登記表的自然觀察與政治觀察》（*Natural and Political Observations Made upon the Bills of Mortality*）於1622年出版。在1592年鼠疫流行時，人們開始用死亡登記表記錄人們的生死，但因為判定死因的專職人員常做出錯誤判斷，許多人的正確死因並沒有被記錄下來。葛蘭特對於因鼠疫而死亡的人數抱持懷疑，展開了普查工作，希望能調查出死者真正的死因。

考試成績和上次一樣，都是70分。班上平均成績也和上次一樣，為什麼這次被誇獎了呢？

只靠分數數字無法判斷一個人成績的好壞，80分不一定「考得很好」，50分不一定「考得很差」。其中一個原因是，每次考試的「平均分數」都不一樣。假設你在這次數學考試中拿了70分，上次考試也拿了70分，且這次班上平均分數和上次都是60分。數學老師卻稱讚你「這次考得不錯喔！」

為什麼會這樣呢？

假設橫軸為前一次考試分數，縱軸為人數，可得到班上成績分布為一個和緩的鐘形曲線（bell-shaped curve），如左頁圖。另一方面，這次班上的分數分布則如右頁圖所示，是一個比較尖的鐘形曲線。兩者平均分數皆為60分，但「分布情況」不一樣。由圖可以看

出，上次考試中不少人分數比你高，但這次分數比你高的人就少很多了。所以老師才稱讚你這次考得不錯。

不只是考試分數，許多數據光看平均值仍無法充分掌握數據的特徵。左頁圖中數據的離散（discrete）程度較大，右頁圖中數據的離散程度較小。所以說，在我們想要正確理解數

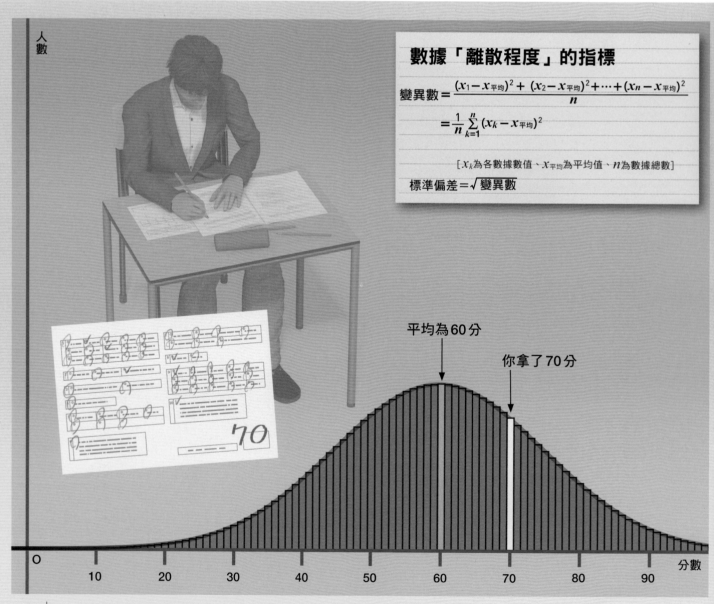

人數

數據「離散程度」的指標

$$變異數 = \frac{(x_1 - x_{平均})^2 + (x_2 - x_{平均})^2 + \cdots + (x_n - x_{平均})^2}{n}$$

$$= \frac{1}{n} \sum_{k=1}^{n} (x_k - x_{平均})^2$$

[x_k為各數據數值、$x_{平均}$為平均值、n為數據總數]

標準偏差 $= \sqrt{變異數}$

平均為60分

你拿了70分

70

O   10   20   30   40   50   60   70   80   90   分數

據的時候，數據的離散程度是很重要的特徵。

為什麼變異數或標準差的計算過程中要「平方」？

平均值與各數據點的差稱為「離差」（deviation）。若數據點比平均值大，則離差為正值；若數據點比平均值小，則離差為負值。舉例來說，假設平均分數為60分，如果你是70分，則離差為10；如果你是50分，則離差為－10。離差表示各數據點與平均值相差多少，

且所有數據點的離差加總後必為零，所以離差本身沒辦法用來表示整個數據的離散程度。

如果將離差平方，化為正數，再加總起來，然後除以數據個數，就可以成為表示離散程度的指標※。這個指標稱為「變異數」（variance），定義在左頁說明欄。另外，變異數的正平方根稱為「標準差」（standard deviation），這也可以用來表示數據的離散程度。變異數或標準差越大，數據分布的鐘形曲線就越平緩，反之則曲線越尖。

※：可能會有人想問，如果只是希望離差變成正數，可以取絕對值，也可以進行平方以外的偶數次方，為什麼一定要平方呢？事實上，平方在數學處理上有許多優點，所以變異數才會如此定義。

只看平均分數仍無法瞭解所有人成績的整體分布

左頁為考試分數的變異數（標準差）較大時的分布，右頁為變異數較小時的分數分布。若要正確評價自己的成績，不能只看平均分數，也要看變異數或標準差這種「離散程度」的指標才行。

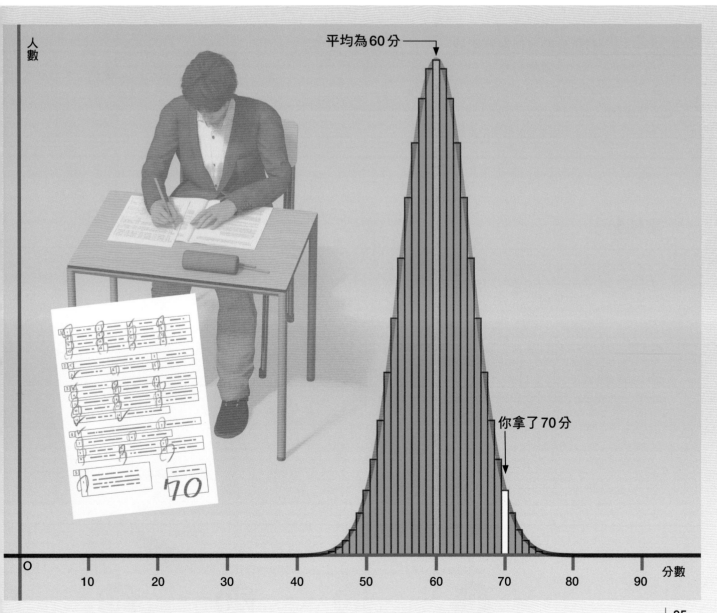

人數

平均為60分

你拿了70分

O　　10　　20　　30　　40　　50　　60　　70　　80　　90　　分數

大考的「偏差值」不一定是「學力高低」的指標

　　日本的高中入學測驗或大學入學測驗中，最常用來評估合格可能性的指標就是「偏差值」。如同我們在前頁中說明的，標準差是表示整體數據離散程度的指標。相對的，偏差值則可說是表示某人分數比平均分數高或低、與平均分數相差多少的指標。

　　偏差值可由以下公式計算

$$偏差值 = \frac{分數-平均分數}{標準差} \times 10 + 50$$

　　分數與平均分數相同時，分子為0，故偏差值為50。當分數比平均分數高（低）一個標準差時，偏差值就會多（少）10。

　　舉例來說，假設某次考試的平均分數是65分，標準差是15分，你的分數是95分，由右方公式可計算出偏差值為70。也就是說，你的分數比平均分數高兩個標準差。

自然界與人類社會中隨處可見的「常態分布」

　　一般而言，在考試人數夠多的情況下，分數分布會接近如下圖的「常態分布」（normal distribution）。這個形狀看起

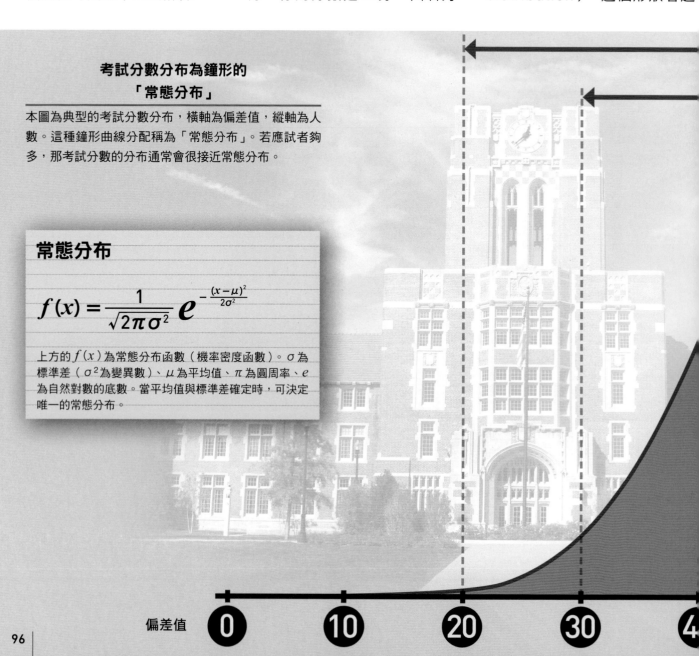

考試分數分布為鐘形的「常態分布」

本圖為典型的考試分數分布，橫軸為偏差值，縱軸為人數。這種鐘形曲線分配稱為「常態分布」。若應試者夠多，那考試分數的分布通常會很接近常態分布。

常態分布

$$f(x) = \frac{1}{\sqrt{2\pi\sigma^2}} e^{-\frac{(x-\mu)^2}{2\sigma^2}}$$

上方的 $f(x)$ 為常態分布函數（機率密度函數）。σ 為標準差（σ^2 為變異數）、μ 為平均值、π 為圓周率、e 為自然對數的底數。當平均值與標準差確定時，可決定唯一的常態分布。

偏差值　0　10　20　30　4

來就像一個鐘，所以常態分布曲線也稱為「鐘形曲線」。不只是考試分數，人的身高、許多自然界或人類社會中的各種數據等等，都會服從常態分布。

當平均值與變異數（或標準差）確定時，即可決定出常態分布圖形。平均值前後一個標準差的範圍內，含有約68％的數據；平均值前後兩個標準差的範圍內，含有約95％的數據；平均值前後三個標準差的範圍內，含有約99.7％的數據。若改以偏差值來表示，我們可以說偏差值在40～60內的

數據，占整體數據的68％；偏差值在30～70內的數據，占整體數據的95％；偏差值在20～80範圍內的數據，占整體數據的99.7％。母體中亦存在偏差值大於80或小於20的數據，只是非常少見。

由以上說明可以看出，不同的考試，標準差就不一樣，而偏差值又是由標準差決定的數值。即使是學力相同的人，當考試難度不同，應試者不同時（譬如有些考試只有以特定大學為志願的高中生會去考），得到的偏差值也不一樣。另外，

當應試者人數過少、考試題目數過少、試題過難或過於簡單時，應試者分數很可能不會服從常態分布。這種狀況下，偏差值與實際學力可能會有很大的誤差。

綜上所述，有的時候我們「不能把偏差值當成學力高低的指標」。

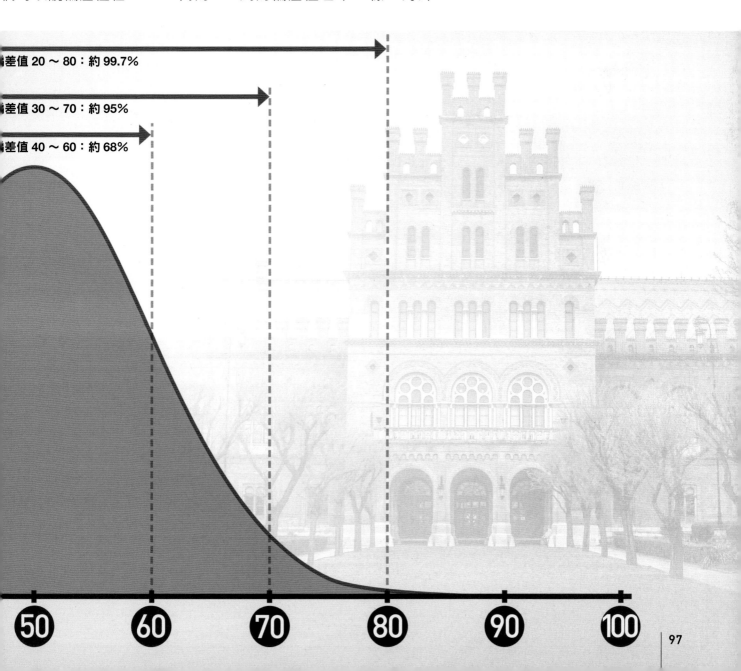

偏差值 20 ～ 80：約 99.7%

偏差值 30 ～ 70：約 95%

偏差值 40 ～ 60：約 68%

50　60　70　80　90　100

健康檢查的
正常值與常態分布

看到每年一次的健康檢查結果，應該有不少人會覺得憂喜參半吧。不過，若能活用國高中數學學到的「常態分布」，就能深入分析自己的健康檢查結果了。

由統計學推導出來的
健康指標

決定健康檢查數值的正常範圍時，須參考一定人數之健康人士的健康檢查結果。這些人的健康檢查結果也和考試分數一樣，服從常態分布。事實上，這些健康人士的數值分布，稱作「正常值」。

匯集20歲到60歲、未曾得過重大疾病之健康人士的健康檢查結果，可以畫出一個左右對稱的鐘形曲線。刪去曲線中數值最高的2.5％數據，以及數值最低的2.5％數據，留下來的95％就是健康人士的正常值。也就是說，健康檢查的正常值是由統計學推導出來的。

健康檢查的正常值，以前稱為標準值。

但如果稱為標準值，就會有人覺得「自己的檢查結果不在正常值範圍內，那麼自己是不是有什麼異常呢？」

近年來，這樣的想法逐漸改變，

正常值可視為健康的指標，但不在正常值內不代表身體一定有異常。相對的，即使在正常值範圍內，也不代表身體一定健康。

例如低密度脂蛋白（LDL）膽固醇的正常值為65～163 mg/dL，若這個數值超出正常值就是高血脂症的徵兆。不過，在糖尿病與某些特定疾病的臨床診斷中，若這個數值大於140 mg/dL，則會被診斷為身體有疾病。所以說，即使健康檢查數值在正常值範圍內，也不能夠大意。

老年人的正常值
意義不大

另外，年紀大了之後，可能會發現自己的數值與正常值相差很大。之所以會相差很大，是因為前述作為基準之常態分布數值，是來自20到60歲個體的健康檢查結果。

那麼，為什麼不匯集老年人的健康檢查結果，推導出老年人專屬的正常值呢？

事實上，老年人健康檢查結果數值的離散程度很大，很難決定正常值的範圍。

首先，不管是誰，隨著年齡的增長，身上有一兩個毛病也不是什麼

⊙ 95% 健康人士數值的範圍，稱作「正常值」

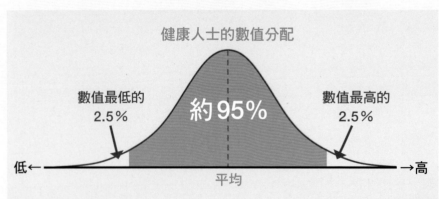

健康人士的數值分配

數值最低的
2.5％

約95％

數值最高的
2.5％

低← 　　　平均　　　 →高

上圖為正常值的決定方式。以多位健康人士的健康檢查結果為基礎，畫出檢查結果分配，去掉前2.5％和後2.5％的極端數值，留下95％健康人士數值的範圍，就是所謂的正常值。

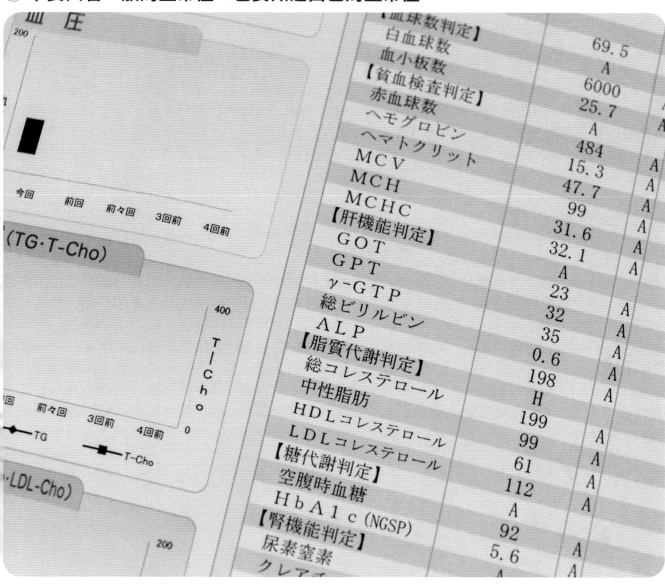

稀奇的事。特別是在60歲以後，越老越容易得病。

但是這並不表示身體有病的人就一定會臥床不起，或是一定處於生活品質（QOL）很差的極端不健康狀態。

這代表定義老年人的健康狀態並沒有那麼容易。而且，健康狀態的定義越是嚴格，越難找到符合條件的對象。所以說，目前老年人的健康檢查結果沒辦法訂出正常值。

找出自己的正常值

當然，這並不表示正常值完全不能做為健康檢查結果的參考數值，仍然應視為一般人健康檢查結果的基準。

更重要的是，人們應瞭解自己身體的正常值。為此，應該每年做一次健康檢查，掌握自己的健康檢查結果應在哪個範圍內。瞭解這些正常值後，要是身體出問題，就可以馬上發現檢查結果的數值異常。

舉例來說，如果健康檢查結果顯示體重比去年還要少1～2成，或許就該進行更精密的檢查了。　☞

「啤酒銷售量」與「溺水事故」有因果關係嗎？

每天的新聞中都有許多統計調查結果。不過，在看這些統計結果時要特別注意「相關」（correlation）與「因果關係」（causation）的差別，為什麼呢？

讓我們來看個具體例子吧。

如果當某個變量（譬如啤酒銷售量）增加時，另一個變量（譬如溺水事故）也有跟著增加的趨勢，那麼我們會說兩個變量之間「正相關」（positive correlation）。相反的，如果某個變量增加時，另一個變量就會有減少的趨勢，那麼我們會說兩個變量之間「負相關」（negative correlation）。

另一方面，「因果關係」指的是兩個事件（出象：一個是「原因」，一個是「結果」）之間的關係。要注意的是，有相關性的兩件事，不一定有因果

關係。如果沒有注意到這點，就會把「偽相關」（spurious correlation）誤以為是因果關係。偽相關是指兩個事件明明沒有因果關係，卻因為有相關性，而被誤以為有因果關係。

找出產生「偽關係」的「第三事件」！

舉例來說，由統計結果可以看出「啤酒銷售量增加時，溺水事件也會跟著增加」這樣的相關性。但如果由這樣的相關性推論「減少啤酒的銷售量，溺水事件也會跟著減少」的話，就過於武斷了。確實，可能有幾個例子是因為醉酒而溺水，但這畢竟不是普遍情況。正常看來，幾乎所有溺水事件應該都與啤酒銷售量沒有因果關係才對。在這個例子中，我們可以推測是因為「氣溫」這

個外在因素，同時影響了「啤酒銷售量」與「溺水事件」這兩個變量。氣溫上升時，啤酒會賣得比較好，去河邊或海邊玩的人也會增加；氣溫下降時則相反。

另外還有個例子是「巧克力消費量越多的國家，獲得諾貝爾獎的人數越多」。但如果由此推論「巧克力成分可以提升腦部運作效率」的話，也過於武斷了。相對的，「因為『經濟富饒』這個外在因素，同時提高了巧克力消費量與獲得諾貝爾獎的人數」這種推論的可能性比較大。所以說，看到兩個事件有相關性時，須思考是否存在能同時影響這兩個事件的「第三事件」才行。

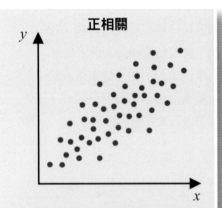

「x數值增加時，y數值也跟著增加」、「x數值減少時，y數值也跟著減少」。當數據有這樣的傾向時，我們會說「兩者正相關」。相關係數（請詳見第102頁）接近1。

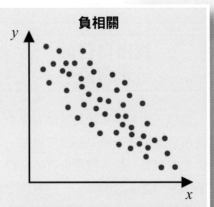

「x數值增加時，y數值減少」、「x數值減少時，y數值增加」。當數據有這樣的傾向時，我們會說「兩者負相關」。相關係數接近－1。

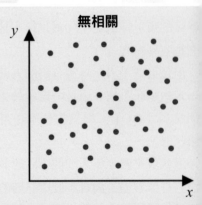

x數值的增減，與y數值的增減無關時，我們會說「兩者無相關」。相關係數接近0。

注意偽關係背後的「真正原因」！

左頁下方為典型的「正相關」、「負相關」、「無相關」散布圖。設縱軸與橫軸分別對應數據的不同變量，再將數據逐一標在座標圖上，就可得到散布圖。右頁是一個偽相關的例子。雖然「啤酒銷售量」與「溺水事件」有相關性，但這並不代表兩者間有因果關係。因為「氣溫」這個外在因素很可能才是兩者變動的原因。

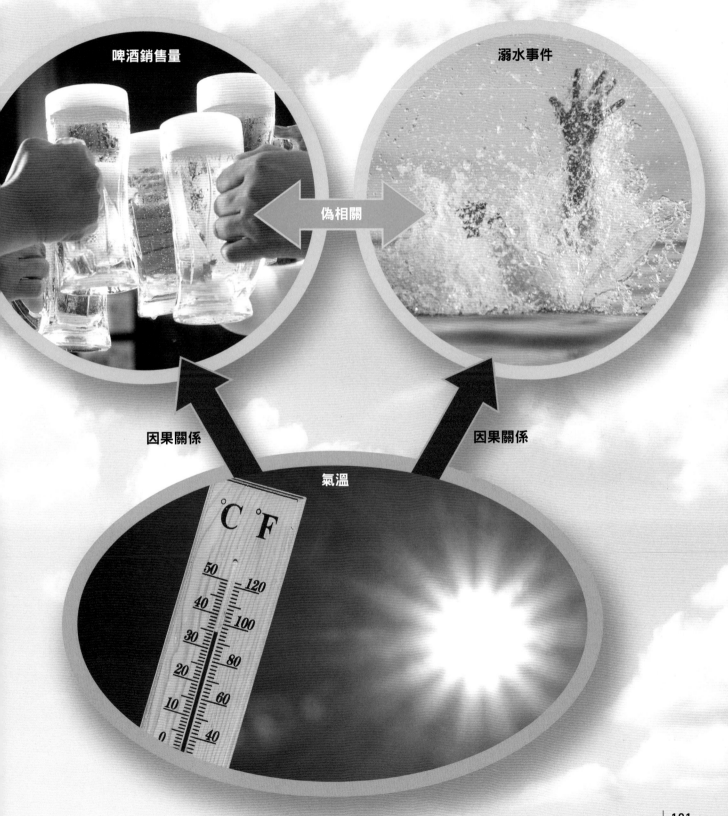

啤酒銷售量

溺水事件

偽相關

因果關係

因果關係

氣溫

接近 1 就是正相關，接近 −1就是負相關，接近 0 就是無相關

在統計學的實際應用上，研究兩個變量是否相關（有相關性），是基本中的基本。我們在前頁介紹了正相關與負相關，即變量A與變量B是否有相關時，除了可以從分布圖來觀察之外，也可以用數值來表示。

這個數值就是「相關係數」（correlation coefficient）。

判斷兩個變量是否相關的指標

相關係數可以寫成−1到1的數值。相關係數越接近1，兩

相關係數

右圖為相關係數與數據離散程度的示意圖。紅點（A）數據排列在左下～右上的直線上，相關係數為1。藍點（B）數據也大致沿著左下～右上的直線分布，但比較分散，所以相關係數比1還要小。綠點（C）的數據更為分散，完全沒有左下～右上分布的傾向，所以相關係數接近0。不過，即使兩個變量的相關係數為0，這兩個變量還是可能有某種關係。所以說，只有當兩個變量的分布趨勢可以畫成「左下到右上的直線」或「左上到右下的直線」這種直線趨勢時，相關係數才有意義。此時我們可以畫出相關圖，分析數據間的相關性。順帶一提，一般試算表軟體就可以輕鬆計算出相關係數了。

個變量的正相關性就越強；越接近－1，負相關性就越強；接近０時，則代表兩個變量之間沒有相關。

假設數據分布如下圖。A的數據（相關係數：1）分布在左下～右上的一條直線上，為正相關。相對的，負相關時，數據會分布在左上～右下的一條直線上。

另一方面，B與C數據的分布比較散亂，相關性也比較弱，相關係數也比較接近0。假設有兩個變量彼此相關，但沒有畫出分布圖，那麼這兩個變量的相關性可能很強，也可能很弱。此時只要確認兩個變量的相關係數，就可以知道這兩個變量的相關性有多強了。

要計算時，將x與y的共變異數（covariance），除以x的標準差與y的標準差，就可以得到x與y的相關係數。順帶一提，求「共變異數」時，須將兩個隨機變數分別減去各自的平均值得到差，再將兩個差相乘得到乘積，然後將此乘積平均。

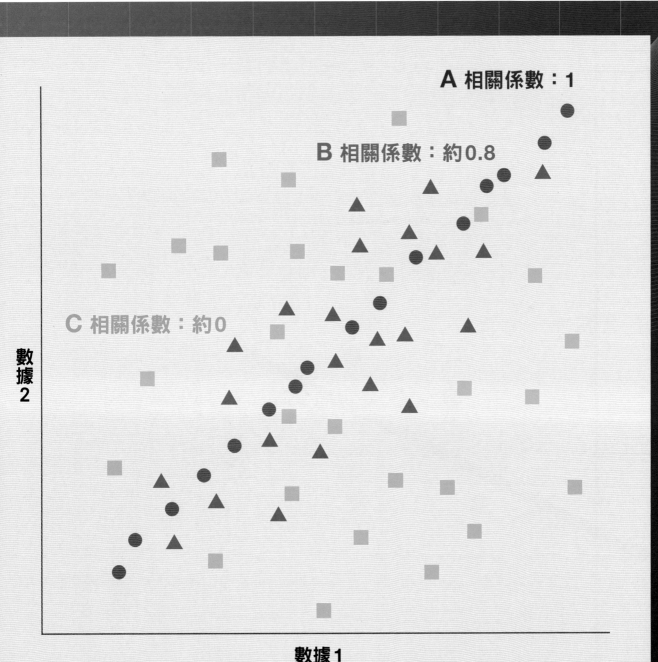

A 相關係數：1

B 相關係數：約0.8

C 相關係數：約0

數據2

數據1

用實際數據推導出來的方程式來預測數據

假設橫軸為某個變量，縱軸為另一個變量，在座標圖上畫出每個數據點，就能得到一個分布圖。在實際的統計資料分析工作中，當兩個變量之間有因果關係時，散布圖是很好的分析工具。

這時我們會用到「迴歸分析」（regression analysis）這種統計資料分析方法。

迴歸分析要到大學才會學到，但若推測原因的數值（自變數又稱獨立變數）只有一個的「簡單迴歸分析」（simple regression analysis），那用高

迴歸分析

迴歸分析可表示原因（自變數）與結果之間的關係有多大。由現實數據推導出來的方程式，可以用來預測數據。假設有一條直線可以說明 x 與 y 這兩個變量，那麼迴歸分析就是在找出這條直線的方程式。

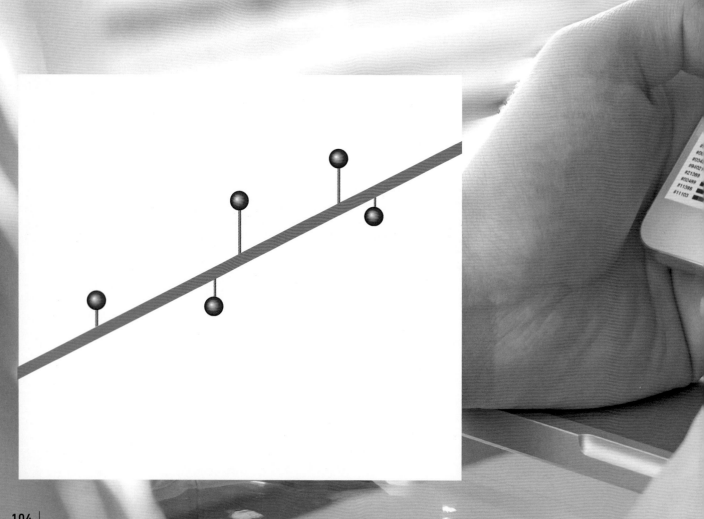

中數學的概念就足以理解了。

　若推測原因的數值有數個，就稱為多元迴歸分析（multiple regression analysis）。

以方程式表示 兩種量之間的關係

　光從散布圖，我們無法立刻看出某個變量（x）增加1時，另一個變量（y）會如何變化。

　所以會希望能用 $y=ax+b$ 這樣的方程式，來表示散布圖中兩個變量的相關性。

　那麼，如何寫出這個方程式呢？請見第104頁的散布圖。這個圖中有5個點，我們希望能畫出一條直線，使這5個點與這條直線的距離（圖中的5條縱向線段）最小。當這5條線段長度的平方加總最小時，

畫出來的直線就是迴歸分析想求的方程式。這種方法稱為「最小平方法」（least squares method）。

天氣預報中提到的機率是什麼

基本上，天氣預報是由電腦計算出來的結果。預報的計算會以整體地球目前的大氣狀態為出發點（初始值）進行計算。

以初始值為基礎的計算

不過，我們不可能知道廣大的大氣中每個地點的狀態。所以會將上一次的預報結果當作初始值。當掌握了目前大氣的狀況時，便會以這些資訊為基礎，計算數分鐘後的大氣狀況。這樣的計算過程重複多次後，就可以計算出今天、明

日本氣象廳公布的天氣預報準確率

右頁圖為日本氣象廳公布的天氣預報準確率變化。當預報說明天會下雨時，明天真的會下雨的機率約為85%。另一方面，3天後到1周內的準確率平均值只有65%左右。

天、後天的天氣狀況了。在短期的預報中，氣象播報員就是用這種方法計算出大氣的狀況，再考慮各個地區的特性，做出天氣預報。

很難做出準確的長期預報

然而，如果一直重複前面提到的過程，算出來的結果可信度就越低。

舉例來說，長期預報會將未來的氣溫、降水量分成三種狀況，分別是比過去平均值還要「高」（多）、「沒有差異」、「低」（少），再用機率分別表示這三種天氣狀況的可能性。

近年來，百年一見大雨等異常氣象（unusual weather）的發生頻率越來越高了。所以日本氣象廳還會以「機率降水量」表示極端罕見之大雨的頻率與強度。計算這個機率降水量時，須先調查某個地點在百年來的最大降水量，然後以常態分布的方式表示各降水量的發生頻率。

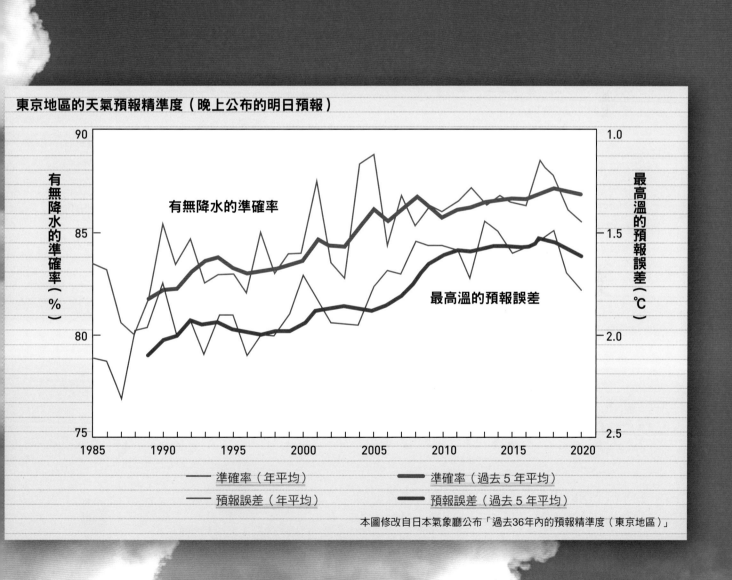

東京地區的天氣預報精準度（晚上公布的明日預報）

有無降水的準確率（%）

最高溫的預報誤差（℃）

有無降水的準確率

最高溫的預報誤差

—— 準確率（年平均）　　　—— 準確率（過去5年平均）
—— 預報誤差（年平均）　　—— 預報誤差（過去5年平均）

本圖修改自日本氣象廳公布「過去36年內的預報精準度（東京地區）」

常用數學重要公式

在此列出在國高中數學範圍內，但本章未能提及的重要數學公式。

本章說明了許多國中、高中數學的應用。您是否也能感受到數學是門相當實用的學問，在生活中隨處可見數學的影子呢？

（撰文：山田久美）

① 排列

$$_n\mathrm{P}_r = \frac{n!}{(n-r)!}$$

從 n 個不同的東西取出 r 個，依取出順序排下來，可能的排列種數稱作「排列數」，公式如上。「$n!$」是「n 的階乘」，表示「1 到 n 之所有整數的相乘結果」，譬如 6 的階乘就是「$6!＝6×5×4×3×2×1$」。

例：從 5 個相異的球中取出 2 個，依取出順序排下來，排列數是多少？

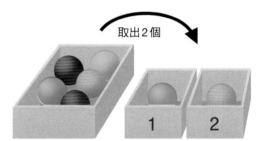

取出 2 個

相異的 5 個球　　　　取出 2 個並依取出順序排列

$$_5\mathrm{P}_2 = \frac{5!}{(5-2)!} = \frac{5×4×3×2×1}{3×2×1} = 5×4 = 20 \text{種}$$

② 組合

$$_n\mathrm{C}_r = \frac{n!}{r!(n-r)!}$$

從 n 個不同的東西不分順序取出 r 個，可選取的種數稱作「組合數」，公式如上。與「排列」的差別在於，「組合」不須考慮順序。舉例來說，從 5 個顏色不同的球中取出 2 個球時，不管取出順序是「藍球」、「黃球」，還是「黃球」、「藍球」，都是同一種組合。

例：從 5 個相異的球中取出 2 個，組合數是多少？

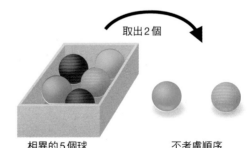

取出 2 個

相異的 5 個球　　　　不考慮順序

$$_5\mathrm{C}_2 = \frac{5!}{2!(5-2)!} = \frac{5×4×3×2×1}{(2×1)×(3×2×1)} = 10 \text{種}$$

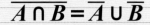

③ 笛摩根定律（De Morgan's law）

$$\overline{A \cup B} = \overline{A} \cap \overline{B}$$

$$\overline{A \cap B} = \overline{A} \cup \overline{B}$$

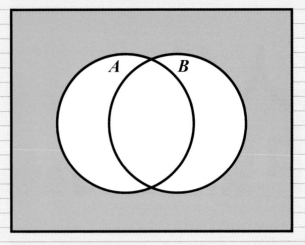

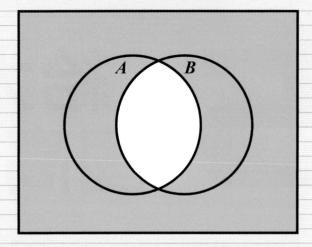

上圖為表示集合間關係的視覺化圖形，稱為「文氏圖」（Venn diagram）。A與B皆為含有多個元素的「集合」。有「或」的意思，表示前後兩個集合的「聯集」；有「且」的意思，表示前後兩個集合的「交集」。而A或B上面的橫線則是「否定」的意思，$\overline{A}$意為「所有元素去除A之後的集合」。圖中的綠色部份，分別代表其上方等式（笛摩根定律）的集合。光看等式，或許很難看出為什麼等式兩邊的集合會相等，不過參考下方的文氏圖，應該就能明白等式的意思了。

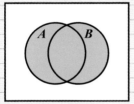

上圖的綠色區域表示至少屬於集合A或集合B之一。

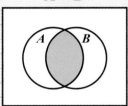

上圖的綠色區域表示同時屬於集合A與集合B。

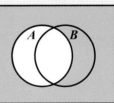

上圖的綠色區域表示不屬於集合A的元素（補集或餘集）。

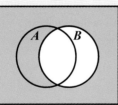

上圖的綠色區域表示不屬於集合B的元素（補集或餘集）。

④ 相關係數的求算方式

$$相關係數 = \frac{\frac{1}{n}\{(x_1-x_{平均})(y_1-y_{平均})+(x_2-x_{平均})(y_2-y_{平均})+\cdots+(x_n-x_{平均})(y_n-y_{平均})\}}{\sqrt{\frac{1}{n}\{(x_1-x_{平均})^2+(x_2-x_{平均})^2+\cdots+(x_n-x_{平均})^2\}}\sqrt{\frac{1}{n}\{(y_1-y_{平均})^2+(y_2-y_{平均})^2+\cdots+(y_n-y_{平均})^2\}}}$$

$$= \frac{（x 與 y 的共變異數）}{（x 的標準差）\times（y 的標準差）}$$

設由兩個變量構成的數據共有n組，分別為（x_1, y_1），（x_2, y_2），……（x_n, y_n），那麼相關係數r的計算方式如上（$x_{平均}$為x的平均值，$y_{平均}$為y的平均值）。相關係數r的範圍為$-1 \leqq r \leqq 1$。接近1就表示「有很強的正相關」，接近-1就表示「有很強的負相關」，接近0則表示「無相關」。

5 給大人的「國高中數學」

現實生活中真的有機會用到國高中數學裡的知識嗎？真正會用到的主要是高中數學。本章中就讓我們來看看國高中數學的知識、概念如何應用在現實生活中吧！

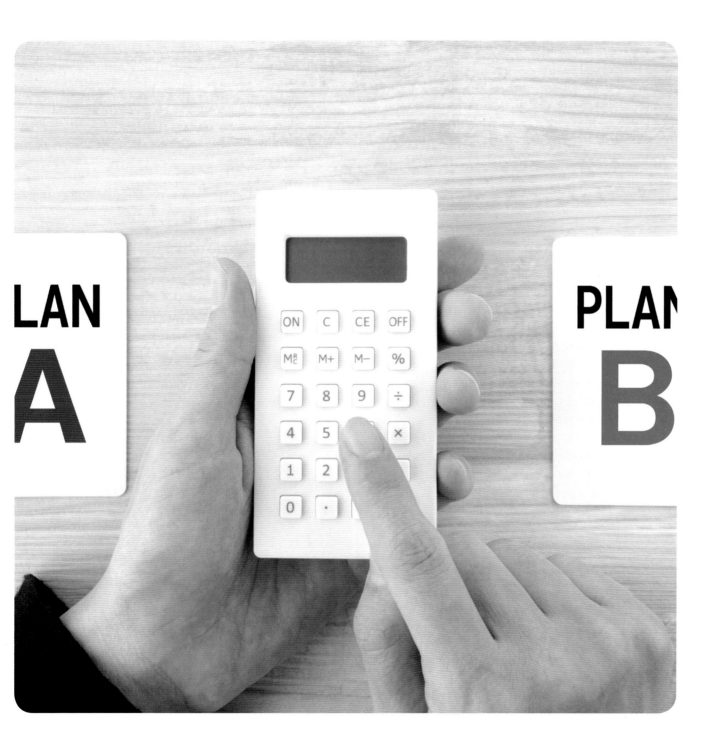

A廠與B廠哪家比較划算？

在國中階段會學到的一次函數（linear function）是最基本的函數。一次函數的應用中，最重要的是「斜率」與「截距」。若能正確理解這些概念，就能應用在商務上。

舉例來說，想要跟印刷廠下訂印製宣傳單時，每家印刷廠的費率規則各不相同。此時，我們便可以用一次函數，找出最便宜的印刷廠。

A廠與B廠哪家比較划算？

假設有A與B兩家印刷廠。

A廠印5張的價格為2000元，印15張的價格為4000元，每多10張，價格就多2000元。

另一間B廠須支付基本費用2000元，接著每印1張就要付150元。

如果我們想印25張廣告單，應該要向哪家印刷廠下訂單會比較便宜呢？

碰到這種須比較費用的題目時，要先統一比較的單位。將A廠與B廠的印刷價格，拆成每

圖形化後看起來更簡單了

以一次函數來表示變動費用，將其圖形化，比較價格差異，這樣就能一眼看出哪一家比較划算。

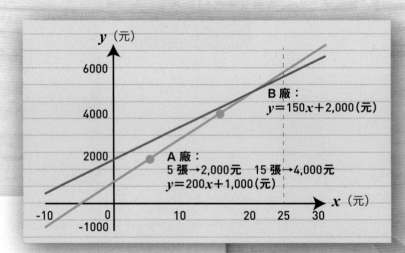

B廠：
$y = 150x + 2,000$（元）

A廠：
5張→2,000元　15張→4,000元
$y = 200x + 1,000$（元）

PLAN A

多印1張的印刷費用（變化速度＝斜率），以及固定費用（截距），畫出兩家印刷廠價格的圖形，才能比較哪家比較划算。

A廠印5張要2000元、15張要4000元，之後每多10張，價格就多2000元。

將這個定價方式拆成每多印1張的印刷費用以及固定費用之後，可得到$y=200x+1000$。斜率為200，這也就是每多印1張廣告單時必須付出的價格（2000元÷10張＝200元），而1000則是固定費用（2000元－5張×200元＝1000元）。B公司每多印一張時須多付出150元，固定費用為2000元，所以方程式為$y=150x+2000$。

比較最終價格

將剛才求出的A、B廠印刷費用的一次方程式畫成圖之後，可以得到第112頁的圖。

計算印製25張廣告單的費用時，須將上述兩個方程式的x以25代入，可以得到A廠價格為6000元，B廠價格為5750元。由此可判斷當我們要印製25張廣告單時，委託B廠印製會比較划算。不過，就算不把25代入x計算，只要知道這兩條方程式的圖形長什麼樣子，就可以一眼看出哪一家廠商比較划算。

用二次函數預測新產品的獲利

在預測商品獲利的時候，二次函數的「頂點」或「最大值」很有用處。

價格要訂多少，才能最大化獲利呢？

某家文具店要推出新的原子筆商品，進貨價是100元，零售價則由店家自行決定。

零售價訂得越高，獲利越高，所以店家當然希望能訂到高價。但如果價格訂太高，會使銷售量減少。這裡假設價格為 x 元時，銷售量為（$500-x$）枝。那麼價格應該要訂多少，才能將獲利最大化呢？

設 x 為價格，y 為總獲利，那麼總獲利 y 可以用每枝筆的獲利

以 x 表示銷售量

看到「假設價格為 x 元時，銷售量為（$500-x$）枝」時，應該會有人愣一下吧！會有這樣的感覺也很正常，因為這只是假說而已。假說（hypothesis）是由人類的分析所推測出來，為數學方法分析的過程中不可或缺的環節。聽到「數學模型」的時候，應該有不少人會想到「交給AI處理」。不過，不管技術如何發展，建立假說這件事都得由人類負責。

獲利與價格的關係

y：獲利

10萬元

5萬元　　　頂點：（300,40000）

0元

-5萬元

100元　400元　600元

x：價格

（$x-100$）元，乘上銷售量（$500-x$）枝的乘積表示，即$y=$（$x-100$）（$500-x$）。整理後可得$y=-(x-300)^2+40000$。只要求出這個二次函數的最大值，就可以知道能讓獲利最大化的價格x是多少。

重點在於圖形的頂點

光看數學式大概很難看出什麼，讓我們把它畫成圖吧（第114頁的圖）。二次函數的圖為拋物線，曲線頂點就是獲利最大的情況。

頂點的價格x為300元，獲利為40000元。也就是說，零售價300元時獲利最多。零售價比300元低時，每枝筆的獲利降低；零售價比300元高時，銷售量減少，使整體獲利降低。

所以說，討論獲利與價格時，重點在於二次函數的頂點。

用二次方程式決定商品價格

接 著讓我們來看看如何運用二次方程式，在給定獲利目標的情況之下，為商品定價。

再用前頁文具店新推出的原子筆為例來說明吧！

進貨價是100元，零售價可由店家自行決定。

設零售價為 x 元，銷售量為（$500-x$）枝。若希望獲利為30000元，那麼零售價應該要定多少才行呢？

用二次方程式算出答案

設 x 為零售價，y 為總獲利。總獲利 y 為每枝筆的獲利（$x-100$），乘上銷售量（$500-x$）枝。

解的公式

國中時會學到公式解，是二次方程式的解法之一。只要將方程式的 a、b、c 代入公式中，就可以得到解了。「±」後面的根號內為「b^2-4ac」。若「b^2-4ac」大於 0，則方程式有 2 個實數解；若等於 0，則方程式有 1 個實數解；若小於 0，則有兩個虛數解。這個「b^2-4ac」也稱為判別式，可用來判斷二次方程式的解。

設定獲利 y 為30000元，故可寫出二次方程式 $(x-100)(500-x)=30000$。

解這個二次方程式，可以得到 $x=400$ 或200。也就是說，價格為200元或400元時，獲利皆為30000元。這個例子有2個解。

以公式算出答案

如果希望獲利為80000元，零售價應為多少呢？我們一樣可以列出二次方程式，不過這次試著用公式解來算出來答案。

如此一來會發現根號內有負數，沒有實數解。但只要使用高中教的虛數「i」，還是可以解出答案。

虛數指的是實數以外的數。譬如 i 是一個平方後會得到 -1 的數。

這個例子中，公式解得到的零售價是 $(300-200i)$ 元或 $(300+200i)$ 元。

這代表獲利80000元永遠不可能做到。

因為零售價不可能定成 $(300-200i)$ 元或 $(300+200i)$ 元。

所以說，有時候即使數學算得出答案，在現實生活中也沒什麼意義。

計算複雜問題時，可畫圖做比較

「工廠裡有兩個生產裝置。若希望盡可能提高生產效率，該如何安排它們的工作時間呢？」

乍看之下，這個工作量分配問題似乎有些複雜，但其實只要用國高中的數學，比較它們的函數圖形就可以了。剛才我們用函數計算文具店的獲利，事實上，我們也可以在座標圖上比較函數圖形，一樣能夠解出答案，這種方法稱之為「線性規劃」（linear programming）。

這是美國的應用數學家丹齊格（George Dantzig，1914～2005）在規劃軍隊補給時想到的方法。

清楚明白的圖形化結果

假設製造產品A時，須讓裝置

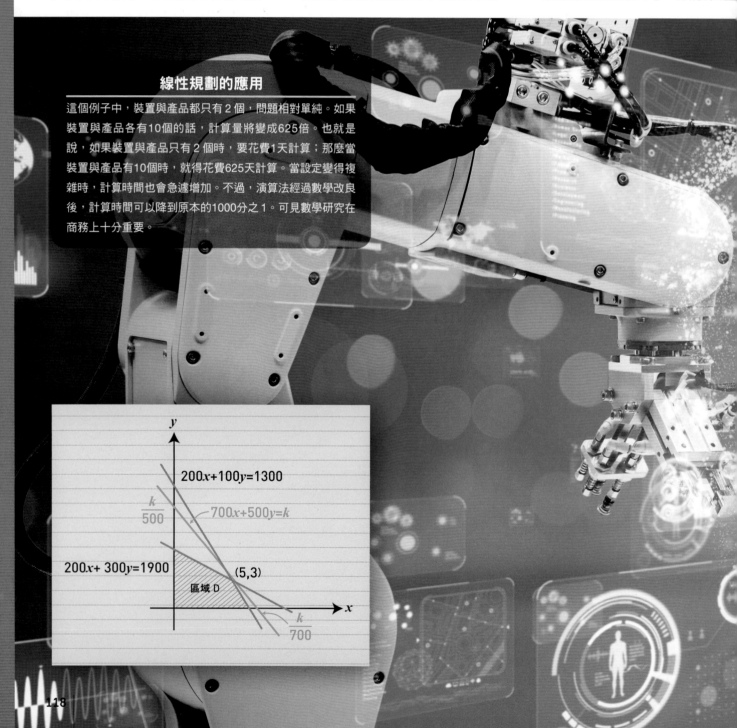

線性規劃的應用

這個例子中，裝置與產品都只有 2 個，問題相對單純。如果裝置與產品各有10個的話，計算量將變成625倍。也就是說，如果裝置與產品只有 2 個時，要花費1天計算；那麼當裝置與產品有10個時，就得花費625天計算。當設定變得複雜時，計算時間也會急遽增加。不過，演算法經過數學改良後，計算時間可以降到原本的1000分之 1。可見數學研究在商務上十分重要。

$200x+100y=1300$

$\dfrac{k}{500}$

$700x+500y=k$

$200x+300y=1900$

區域 D

$(5,3)$

$\dfrac{k}{700}$

α運轉200分鐘，再讓裝置β運轉200分鐘；製造產品B時，須讓裝置α運轉300分鐘，再讓裝置β運轉100分鐘。此外，為了防止裝置損壞，裝置的使用時間有嚴格限制。裝置α只能用1900分鐘，裝置β只能用1300分鐘。目前產品A定價為700元，產品B定價為500元，那產品A與B應分別製造多少個，才能將銷售額最大化呢？

在解這種複雜的問題時，與其盯著文字思考，不如先寫出函數再畫出函數圖，在計算時會簡單許多。

讓我們將裝置α與裝置β生產的A、B個數寫成函數，再畫出函數圖。如此一來，便可得到兩條灰色直線的交叉範圍（區域D，表示裝置α、β的運轉容許範圍），請見第118頁的圖。

接著要找出這個區域D內，銷售額最高的點。

圖中的藍線（最大化銷售額的線性函數）與區域D的交點，就是銷售額 k 最大的時候。最後可以得到藍線與區域D的交點為 $(x, y) = (5, 3)$。

也就是說，產品A製造5個，產品B製造3個，可以讓銷售量最大化。

所以，如果我們能用函數寫出複雜的比較問題，再畫出函數圖形，就會好懂許多。

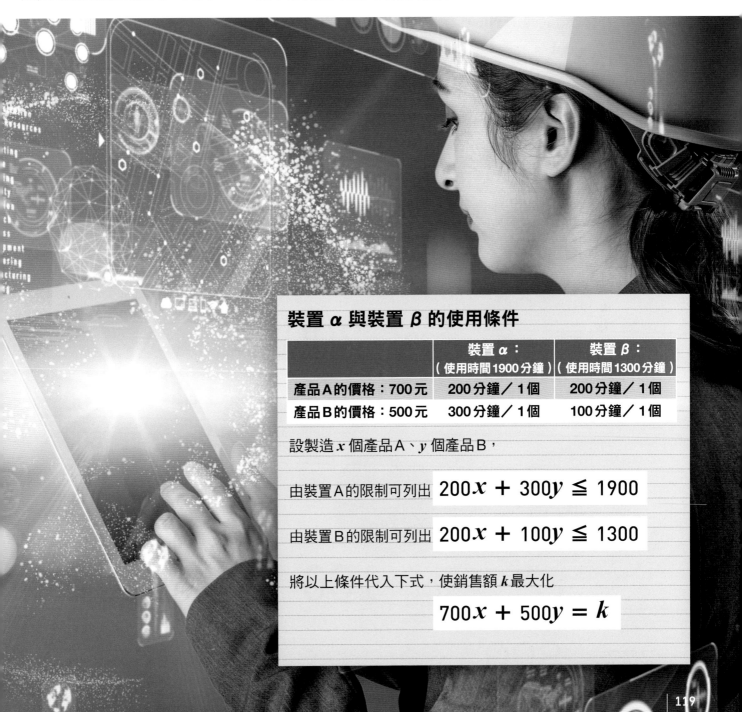

裝置 α 與裝置 β 的使用條件

	裝置 α： （使用時間1900分鐘）	裝置 β： （使用時間1300分鐘）
產品A的價格：700元	200分鐘／1個	200分鐘／1個
產品B的價格：500元	300分鐘／1個	100分鐘／1個

設製造 x 個產品A、y 個產品B，

由裝置A的限制可列出　$200x + 300y \leq 1900$

由裝置B的限制可列出　$200x + 100y \leq 1300$

將以上條件代入下式，使銷售額 k 最大化

$$700x + 500y = k$$

化為「概數」，就能迅速算出答案

對 數字直覺強的人和直覺弱的人有什麼差別呢？事實上，對數字直覺強的人，通常會用「概數」來計算。舉例來說，假設有人購物時買了「牛奶198元」、「青椒128元」、「豬肉777元」、「蘋果98元」、「鯖魚537元」，這些總共是多少錢呢？如果用心算硬算的話會花很多時間，但如果計算它們的概數，就會快上許多。

用概數加強對「數」的直覺

左頁是用概算方法計算購買商品的價格，只要把價格四捨五入到百位數就可以了，這讓計算變得簡單許多。右頁是用概算方法計算天文學中的「1光年」相當於幾公里。

購買的商品總計多少錢？

1. 將各商品價格四捨五入到百位數，取其概數。

537元 ⇒ **500**元

198元 ⇒ **200**元

128元 ⇒ **100**元

98元 ⇒ **100**元

777元 ⇒ **800**元

2. 將各個概數加總

精確計算	概數計算
128	**100**
537	**500**
198	**200**
777	**800**
98	**100**
1738	**1700**

立刻就能掌握
大概的總額。

用概數計算大略的數字

將所有價格（數值）四捨五入到百位數，可以得到200元、100元、800元、100元、500元，加總後可得到1700元。

若精確計算尾數，可以得到1738元，不過這和我們的概算結果並不會差太多。這種四捨五入後得到的概略數字，稱為「概數」。若能習慣將數字轉換成概數的過程，就能增強對數字的直覺。

以下插圖中提到如何用概數計算 1 光年是幾公里。

由這些示意圖與計算過程，應該可體會到這種計算方式的便利。

而我們平常碰到數字的計算時，也可以透過概數大致掌握狀況。另外，用概數計算也可防止計算出錯。這種概數概念，在活用指數、對數的時候有很大的作用。

「1 光年」是幾公里？

1. 將1年換算成天，並取概數

1 年＝365 天 ➡ 400 天

2. 將1天換算成小時，並取概數

1 天＝24 小時 ➡ 20 小時

3. 將1小時換算成秒，並取概數

1分 ➡ 60秒　1小時 ➡ 60分

3600秒 ➡ 4000秒

4. 將以上1～3的結果相乘，可得到1年內約有幾秒。

400天×20小時×4000秒
＝32,000,000秒

光速
30萬公里/秒

5. 光速乘上4算出來的秒數，就可以知道1光年大概有多少公里了。

32,000,000秒×300,000公里/秒
＝9,600,000,000,000公里

9兆6000億公里

更正確的數字是9兆4600億公里

不管大數還是小數，
都可以看清它們的變化

如 果用一般的圖表來表示變化劇烈的數值，那數值很容易超出圖可以表示的範圍，使讀者難以瞭解整體的變化。

若把座標的尺度設定得很大，雖然可以看清大數的劇烈變動，卻幾乎看不出小數的微幅變動。

這時候我們就須要用到「對數座標軸」。

讓各種尺度的數值都能一目瞭然

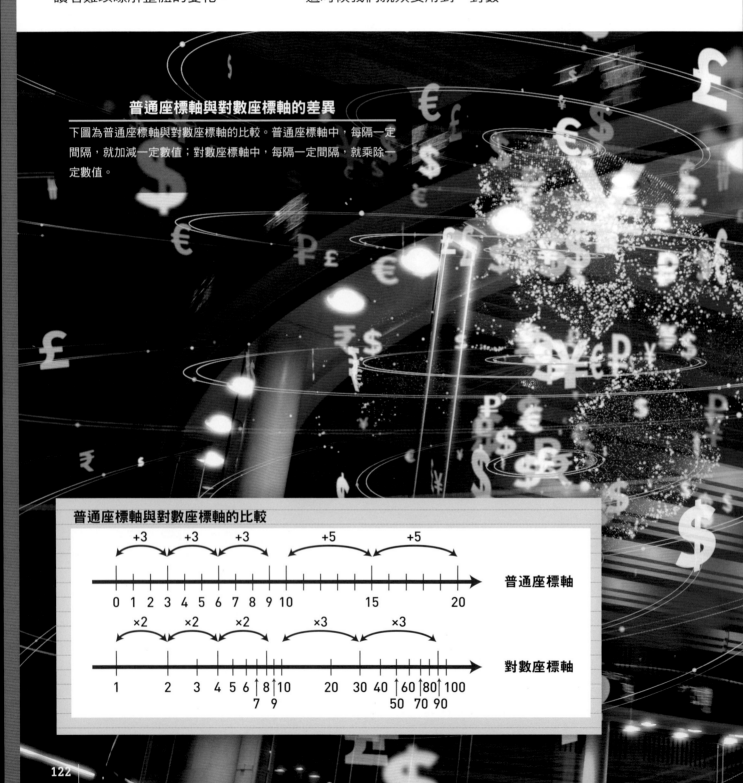

普通座標軸與對數座標軸的差異

下圖為普通座標軸與對數座標軸的比較。普通座標軸中，每隔一定間隔，就加減一定數值；對數座標軸中，每隔一定間隔，就乘除一定數值。

普通座標軸與對數座標軸的比較

對數座標軸中，每多或少一個刻度，數值就變成 n 倍或 $1/n$ 倍。當我們想要粗略比較不同尺度的數值時，就會把數據畫在對數圖上。

下方 A 與 B 兩張圖是同一家公司在同一段時期的股價變化。

A 圖為一般常見的股價變化圖。縱軸是股價、橫軸是年份。

從 2011 年起，因為股價變得很低，所以 A 圖中只會看到股價在低檔區徘徊。但事實上，這家公司在 2012 年時股價曾減少了一半，卻因為座標軸的尺度太大使股價變化變得不明顯。

B 圖將 A 圖的縱軸改成了對數座標軸。在 B 圖就可以明顯看出，2012 年時的股票價格少了一半。

綜上所述，對數座標軸的特徵在於可以讓變化範圍很廣的變量，在各個尺度下都能一目瞭然，非常方便。

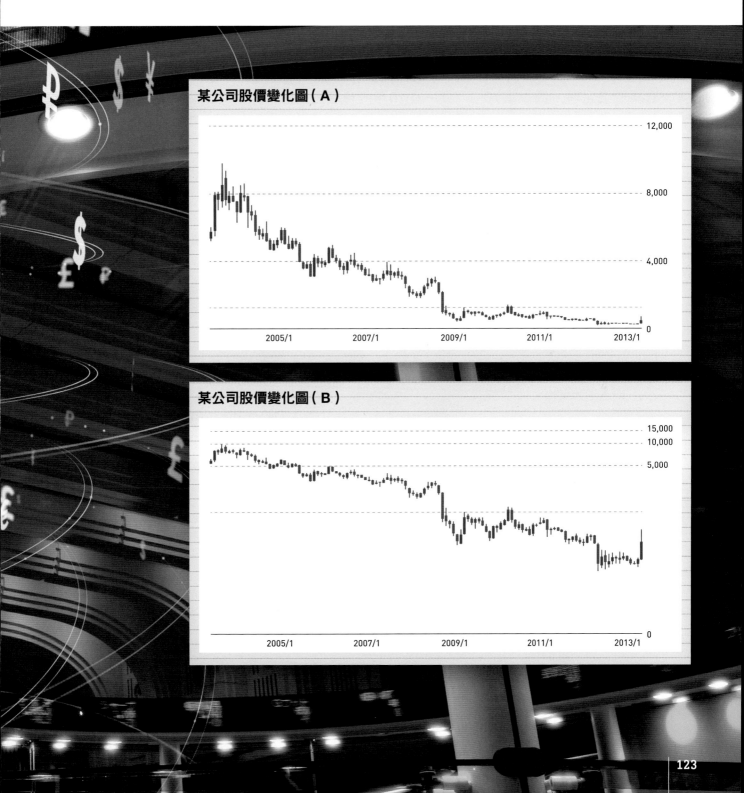

如何計算原本應得的利益

發生交通事故時獲得的賠償金，應以「若未發生事故，應獲得的利益」＝「所失利益」為原則。

舉例來說，有一名50歲年收入500萬元的人發生交通事故而無法工作，假設他60歲退休，那麼他還能工作的期間為10年。計算賠償金時，應以這10年間他可獲得的利益為基準。

計算賠償金時須考慮利息

不過，賠償金並不是將年收500萬元直接乘以10年就好。因為5000萬元的賠償金額太高了，若將這5000萬元善加投資，在10年內會產生利息，10年後會大於5000萬元。

在考慮利息的情況下計算正確的賠償金時，會用到所謂的「年金現值因子」。計算年金現值因子時，會用到高中數學學到的「等比數列」（geometric progression）。等比數列的首項乘上某個固定的公比會得到第二項，第二項乘上公比會得到

所失利益的計算方式

實際上，有後遺症的所失利益計算方式為（收入額）×（能力喪失率）×（年金現值利率因子）。之所以要再乘一個能力喪失率，是因為事故通常不會讓人完全失去工作能力，所以要依照殘障等級，決定能力喪失率（以日本而言，第6級殘障的能力喪失率為67%）。另外，正文中的利率為5%，是日本在2020年4月以前的資料。

第三項，依此類推形成數列。由等比數列，可以計算出現在收到的500萬元，與10年後收到的500萬元價值相差多少。

假設年利率為5%，那麼 1 年後的500萬元約相當於現在的476萬元。換言之，476萬元在年利率5%的投資下，1 年後會增長至500萬元。計算式為「476×1.05＝500」。同樣的，2 年後的500萬元約相當於現在的453萬元，即「453×1.05×1.05＝500」。而10年後的500萬元約相當於現在的306萬元。綜

上所述，假設某個數字經過 n 年後會變成500萬元，那麼這個數字乘上1.05的 n 次方會得到500萬元。由此便可算出10年內每年獲得的500萬元，分別相當於現在的多少錢。

用年金現值利率因子計算

我們可以用年金現值利率因子（Present Value Interest Factor of Annuity），輕鬆求出這個金額。年金現值利率因子相當於等比數列，計算方式為：PVIFA=

$$\{1-[1/(1+r)^n]\}/r$$

以前面提到的50歲的人為例，利率 $r=0.05$（5%），$n=10$（年），可計算出年金現值利率因子為7.7217。500萬元乘上7.7217後為3861萬元，這就是算進利率之後的賠償金額。

事實上，保險業者會將計算賠償金時使用的年金現值利率因子列在一張表上，使用者可透過利率與期數，在表中查到對應的年金現值利率因子，再乘上年收入，就可以輕鬆算出賠償金了。

			476萬元	
1年後的500萬元	500÷1.05	＝476萬元	476萬元	利
2年後的500萬元	$500÷1.05^2$	＝453萬元	453萬元	利
10年後的500萬元	$500÷1.05^{10}$	＝306萬元	306萬元	利
目前價值為這些數字的總和 ＝（500×7.7217）	3,861萬元		5,000萬元	
			3,861萬元	利

經過精準的追蹤調查，才能判斷是否有因果關係

研究傳染病或慢性病（文明病）的預防方式與治療方式時，須要進行「流行病學調查」（epidemiologic survey）或「世代研究」（或稱長期追蹤研究）等基於統計學的調查工作。第一個流行病學調查發生於1854年，當時倫敦爆發了霍亂疫情。研究人員調查患者病發狀況、傳染狀況，並研究預防方法。因為這種方法當初被用在研究傳染病上，所以稱作流行病學調查。另一方面，「世代研究」的英文為「cohort study」，cohort是群體的意思。

舉例來說，當我們想研究運動不足與疾病是否有關時，會追蹤運動不足的群體，以及每天運動的群體，並比較這兩個群體在未來罹患疾病的機率與死亡率。

這種方法稱作「前瞻式世代研究」。而追溯兩群體過去的

紀錄，以瞭解原因的研究，則稱作「回溯式世代研究」。

「前瞻式世代研究」常應用在調查傳染病、慢性病等未知疾病的原因。

追蹤調查的精準度會左右資料可信度

1960年的世界神經學會議，研究人員提出追蹤調查的重要性。該次會議中，美國的流行病學家發表了各國腦中風的死亡率比較結果。研究結果顯示，日本的腦中風死亡率是全世界最高。

當時的資料顯示腦出血的死亡率是腦梗塞（腦中風）的12.4倍，明顯比歐美還要高出許多，故外國學者指出可能是誤診。在這種調查中，幾乎不會有人去懷疑資料的可信度。但當時在統計學上，並沒有足夠證據能說明為什麼日本的腦中風死亡率那麼高。為了尋找更多證據，日本學界在福岡市糟屋郡久山町進行流行病學調查「久山町研究」。學者們追蹤調查該區人們的腦中風與死亡率，定期進行統計分析後發現，正如學會所說，之前資料的可信度過低。

在還沒有結論而調查事件原因時，資料的可信度十分重要。在獲得資料的同時，也必須確認追蹤調查的精準度是否經過充分驗證。

久山町研究

從1961年開始，於日本福岡市糟屋郡久山町進行的流行病學調查。世界神經學會提出疑點後，學界開始這項研究以瞭解日本人腦中風的實際情況。在1961年的追蹤調查中，腦出血的死亡率約為腦梗塞的1.1倍。正如學會所說，當時在日本有許多誤診情況。因為久山町居民的年齡與職業分布與日本全國平均相似，所以直到現在，久山町研究仍常被用來分析日本人的慢性病與相關危險因子。

活用 cos 函數，就能測量傾斜土地的距離

伊能忠敬（1745～1818）在沒有GPS，三角測量也還未於日本普及的江戶時代，就已經畫出了正確的日本地圖。而幫助他完成這項偉業的，就是cos等三角函數。

伊能忠敬親自走遍日本全國，非常有耐心地反覆測量任兩點之間的距離。據說伊能忠敬是為了瞭解地球的大小，才開始測量各地點間的距離。

伊能忠敬當時的住處在深川，工作地點在淺草的天文臺，他先測量了這兩個點的距離，希望能藉此測出緯度差

用cos將斜面距離轉換成平面距離

乘上cos值，就可以將傾斜處測量到的斜面距離，換算成平面距離。
伊能忠敬隨時都帶著能讓他進行這類換算的三角函數表。

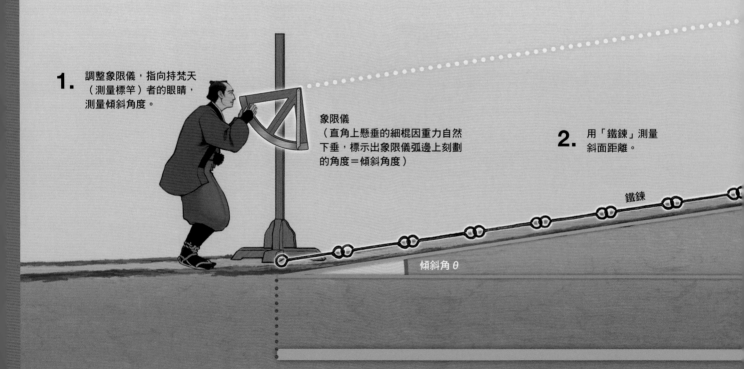

1. 調整象限儀，指向持梵天（測量標竿）者的眼睛，測量傾斜角度。

象限儀
（直角上懸垂的細棍因重力自然下垂，標示出象限儀弧邊上刻劃的角度＝傾斜角度）

2. 用「鐵鍊」測量斜面距離。

鐵鍊

傾斜角 θ

異。但因為距離太短，所以無法測出正確的數值。於是，他為了測量更廣大的土地，展開了蝦夷地（今日本北海道）與日本全國的測量計畫。

運用cos函數測量傾斜土地的距離

測量距離時，並非由走路的步數換算成長度，而是用繩子與鐵鏈測量出精確距離。在地面傾斜的地方，伊能忠敬會用cos函數來測量距離，並隨身攜帶名為「割圓八線表」的資料。割圓八線表就相當於現在的sin、cos、tan等函數值的一覽表。

地面傾斜處的兩點間斜面距離，相當於直角三角形的斜邊長。伊能忠敬使用名為「象限儀」的工具測量傾斜角，再由割圓八線表查出該角度對應的cos值。接著將cos值乘上斜面距離，就可以得到地圖上的距離（平面距離）了。（斜面距離×cos θ＝平面距離，參考以下插圖）。

斜面距離

3. 由割圓八線表求出傾斜角度對應的cos值，再將這個數值乘上斜面距離，換算成平面距離。

平面距離＝斜面距離× $\cos\theta$

地震時會用到的三角函數

購買中古屋時，特別要注意建築物的傾斜程度。高屋齡的老舊建築常有結構問題，當地震造成土壤液化（soil liquefaction）時，可能會讓建築物傾斜。計算建築物的傾斜角度時，就會用到三角函數中的tan函數。

用tan函數計算建築物的傾斜角度

舉例來說，假設建築物的底

也有不使用函數的方法

有些保險公司會準備建築物傾斜程度的對照表，讓相關人員不須特別去計算三角函數數值。若想知道房屋的傾斜程度，只要用量角器測量柱子與地板每 1 公尺傾斜多少，再稍加計算就可以了。近年來智慧型手機的app甚至還可以測量傾斜程度。

邊為 1 公尺（1000毫米），當它傾斜10毫米時，可列式：底邊（1000）×tan？度＝10。由這個式子可求出角度為0.57°。

「日本住宅品質確保促進法」（品確法）規定了住宅功能的評估方式，方便購屋者理解。依照品確法，當建築物的每 1 公尺底邊傾斜 3 毫米以上時，建築物本身的結構很可能會有問題。

當建築物的每 1 公尺底邊傾斜10毫米時，不只結構上會有問題，光是住在這種傾斜房子中，就會感到頭痛、頭暈目眩，非常不適。

在閱讀地震險契約書，或是申請地震險理賠時，這種與建築物傾斜情況有關的知識相當實用。因為當地震使建築物破損時，須以這些標準，客觀評估建築物的破損程度。

總之，把建築物傾斜程度的計算方式記起來，需要時就會派上用場。

三角函數與手機
意想不到的關聯

三角函數包括了sin、cos、tan等難以理解其意義的公式。要是有人問學校教的哪個東西最沒用,很多人都會回答三角函數。但實際上,要是沒有大量運用三角函數,甚至無法構成現代社會。

用三角函數來表示波

不過,三角函數之所以活躍於現代社會,並不是因為可以用來表示角的大小或邊長的長度,而是可以用來表示「波」。

「正弦波」(sinusoidal wave)是最基本的波。不只是正弦波,不管是哪一種波,都可以用三角函數來表示。

即使是方波(square wave,四方形的波),也可以用sin與cos正弦波

> **我們常使用的智慧型手機就會用到三角函數**

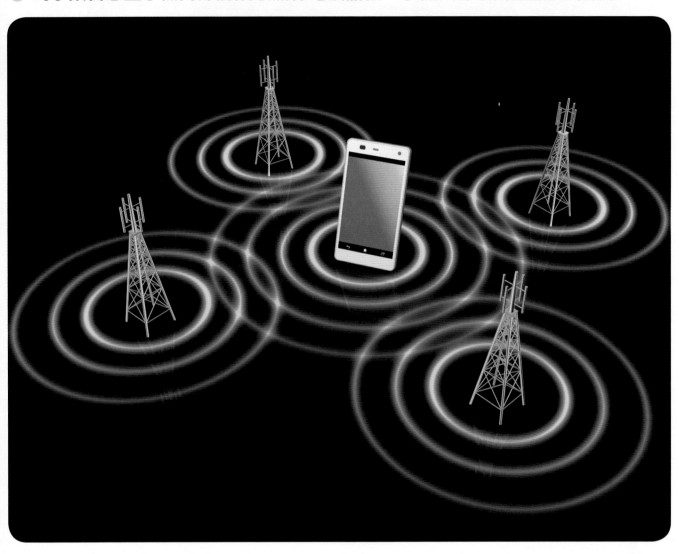

的重疊組合而成。我們還可以用三角函數來分析波。若沒有三角函數的話，就沒辦法分析「無線電波」（radio wave），自然也沒辦法使用手機。

智慧型手機也會用到
三角函數的和角定理

實際操作無線電波時，會用到什麼樣的三角函數呢？讓我們舉個例子來說明。

這裡要介紹無線電波的頻率變換。智慧型手機用的無線電波頻段是2GHz（2×10^9 Hz）左右。

不過，這個頻率對手機內部元件來說過高，所以當天線接收無線電波後，須轉換成較低的頻率。這裡的頻率變換，就會用到三角函數。

這裡使用的是高中學過的三角函數「積化和差公式」。這個公式可以看出波所隱含的特徵。

假設有個波是由頻率為$f1$與$f2$的波相乘而得，那麼積化和差公式可以將其轉換成$f1+f2$與$f1-f2$這兩個頻率不同的波相加減。

舉例來說，如果有個波是由頻率為f與$3f$的波相乘，那麼這個波可改寫成頻率為$2f$與$4f$的波相加減。

當我們想將2.00GHz的波轉換成低頻率的波時，只要將其乘上2.05GHz波，就可以得到0.05GHz，也就是50MHz的低頻率波。

事實上，幾乎所有智慧型手機都會用到這種將兩個波相乘的技術。

要讓很大的數聽起來更有感,可以拆成多個數相乘,或者轉換成其他單位

各 國的統計資料白皮書
(White Paper)中,常
出現許多非常大的數字。你會
不會覺得數字越大,越難以體
會這個數字有多大呢?

舉例來說,日本國家預算自
2019年起,連續三年都超過
100兆日圓。不過,一般人應該
很難體會100兆日圓到底是多大
的數字。這時候換算成「平均

每個日本國民」會用到多少預
算,聽起來會更有感。日本人
口約有 1 億2000萬人,取概數
1 億人,100兆日圓除以 1 億
人,平均每人可以分到100萬日

轉換成比較好懂的數字,讀起來更有感

左頁中,為了讓「100兆日圓」看起來更有感,可以計算平均每個國民
能分到多少,或者轉換成長度(距離)有多長。

右頁中,為了讓太陽直徑「140萬公里」看起來更有感,可以比較太
陽直徑與地球直徑的差異。

日本國家預算
100兆日圓

1000公里

1 綑100萬日圓鈔票的厚度約為 1 公分。將100兆日圓
的鈔票,也就是 1 億綑鈔票疊起來,厚度(長度)就
是1000公里。

每個日本國民
約83萬日圓

圓；如果是100兆日圓除以1億2000萬人，那麼平均每人可以分到83萬日圓。像這樣把一個大數拆成多個數字相乘，比較容易體會數字的大小。

100兆日圓有多「長」？

要表達一個數有多大的時候還有另一個方法，那就是轉換成另一種單位。舉例來說，我們可以把100兆日圓轉換成長度。100張1萬日圓的鈔票可捆成1捆100萬日圓，厚度約為1公分。那麼100兆日圓的鈔票厚度就是1億捆100萬日圓鈔票，約為1000公里，相當於搭乘日本新幹線從東京站到新山口站的距離。

另外，太陽直徑約為140萬公里，地球直徑約為1萬3000公里。也就是說，太陽直徑約為地球的100倍。要表達一個很大的數到底有多大時，可以拆成許多數的相乘，或者轉換成其他單位，會更能體會。

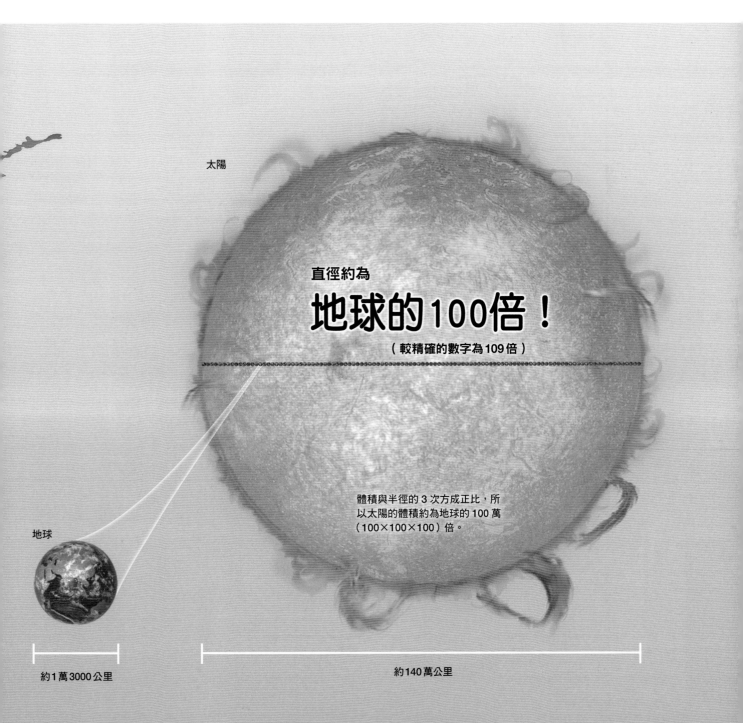

太陽

直徑約為

地球的100倍！

（較精確的數字為109倍）

體積與半徑的 3 次方成正比，所以太陽的體積約為地球的 100 萬（100×100×100）倍。

地球

約1萬3000公里

約140萬公里

從雜亂的資料中找出規則性的方法

分 析統計資料時,不能只做表面性的分析,也要分析表面上看不出來的部分。

現實社會中光靠表面上的資料,很難開發出新商品或展開新的銷售策略。相反的,找出資料中潛藏的要素,是推動新事物時不可或缺的關鍵。

調查資料的共同特性

以便利商店為例,顧客的性別、年齡、進店時間等可在結帳

集群是什麼

將看似雜亂的資料分成多個集群,或許就能看出顧客的潛在行動特徵,或是一般很難看出來的購買動機。集群方法就是將某個資料點與相近的資料點列為同一集群的方法。若能正確分類顧客,就可以提供該顧客群適當的新商品,或者成功推展銷售策略。

集群方法的示意圖

原始資料

變數 2

變數 1

集群後

變數 2

變數 1

時獲得的資訊，可做出一定程度的分析結果。

不過，顧客是因為什麼而在這家店消費？為什麼會購買這個商品？這個人的社會地位或職業是什麼？要是沒有當面訪談，沒辦法直接獲得這些資訊。

我們將前者稱作「觀察變項」（observed variable），後者為不會顯露在表面的「潛在變項」（latent variable）。除了可用國高中學到的相關性來分析之外，還可用其他方法從圖表中分析潛在變項。

譬如左下圖中的「集群」（cluster）方法。

這是將彼此接近的點（譬如購買行為相近的顧客）劃為一群。

像這樣將資料分成一群一群，常可判斷出顧客的購買動機或行動特徵。舉例來說，便利商店附近的公司員工會是一群，放學時間光顧的同校學生會是另一群。

這種方法可以讓我們從乍看之下很雜亂的資料中找出規則。

增加投資對象的種類，
可降低標準差（風險）

資產配置也會用到國高中的數學，現在就來看看以下例子。

1張股票由1000股構成。假設A股票1股100元，B股票1股1000元，我們在A、B股票上各投資1萬元，即擁有A股票100股、B股票10股。當A公司與B公司都漲了20元時，A股票讓我們賺了100股×20元，等於2000元；B股票讓我們賺了10股×20元，只有200元。投資金額相同，股票上漲幅度也相同，但賺到的錢卻差了10倍。所以投資者通常不只在意「股價的變化」，也會在意「股價的變化率」，這個變化率也稱為「期望報酬率」（expected rate of

用大數法則減少風險

假設你手邊有100萬元，現在要參加一個擲硬幣的賭博遊戲，如果擲出正面，可以拿回3倍賭金；擲出背面則沒收賭金。這時候，應該要將這100萬元的金額分割得越小越好，然後分批投入賭局。由大數法則可以知道，賭100次時，50次擲出正面、50次擲出背面的機率相當高。如果1次賭1萬元，賭100次，且50次擲出正面，由1萬元×3倍×50次正面，可以知道這50次賭局可以拿到150萬元。即使另外50次擲出背面，被沒收了50萬元，最後還是有150萬元在手上。

return）。

風險指的是標準差

期望報酬率如何變化，取決於各公司情況。而期望報酬率的標準差，就是所謂的「風險」。

舉例來說，假設某股票的期望報酬率是5％，標準差是10％，就表示該股票的報酬率在大部分的時間內，會以5％為中心，在上下10％的範圍內變動。購買這檔股票時，期望報酬率可能會是－5％，也可能會是15％。

這裡的標準差越高，風險也就越高。

設縱軸為期望報酬率（股價平均變化率），橫軸為標準差（風險），將銀行存款、債券、股票、外幣等投資標的列在座標圖上，應該可以得到一條左下右上的直線。

此時可將風險高的投資標的與風險低的投資標的組成一個投資組合，或者將投資金額分散在各個投資標的上，維持一定的期望報酬率。數學上可以證明這樣能降低風險。綜上所述，資產配置也會用到國高中的數學知識。

（第5章 撰文：藏本貴文）

人人伽利略 科學叢書 10

用數學了解宇宙

只需高中數學就能
計算整個宇宙！　　　　　售價：350元

　　每當我們看到美麗的天文圖片時，都會被宇宙和天體的美麗所感動！遼闊的宇宙還有許多深奧的問題等待我們去了解。

　　本書對各種天文現象就它的物理性質做淺顯易懂的說明。再舉出具體的例子，說明這些現象的物理量要如何測量與計算。計算方法絕大部分只有乘法和除法，偶爾會出現微積分等等。但是，只須大致了解它的涵義即可，儘管繼續往前閱讀下去瞭解天文的奧祕。

★台北市天文協會監事　陶蕃麟　審訂、推薦

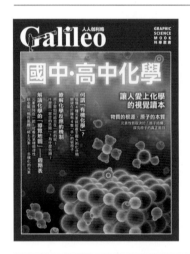

人人伽利略 科學叢書 04

國中・高中化學

讓人愛上化學的視覺讀本　　　　售價：420元

　　「化學」就是研究物質性質、反應的學問。所有的物質、生活中的各種現象都是化學的對象，而我們的生活充滿了化學的成果，了解化學，對於我們所面臨的各種狀況的了解與處理應該都有幫助。

　　本書從了解物質的根源「原子」的本質開始，再詳盡介紹化學的導覽地圖「週期表」、化學鍵結、生活中的化學反應、以碳為主角的有機化學等等。希望對正在學習化學的學生、想要重溫學生生涯的大人們，都能因本書而受益。

人人伽利略 科學叢書 11

國中・高中物理

徹底了解萬物運行的規則！　　　　售價：380元

　　物理學是探究潛藏於自然界之「規則」（律）的一門學問。人類驅使著發現的「規則」，讓探測器飛到太空，也藉著「規則」讓汽車行駛，也能利用智慧手機進行各種資訊的傳遞。倘若有人對這種貌似「非常困難」的物理學敬而遠之的話，就要錯失了解轉動這個世界之「規則」的機會。這是多麼可惜的事啊！

★國立臺灣大學物理系教授　陳義裕　審訂、推薦

人人伽利略 科學叢書 19

三角函數　sin、cos、tan

售價：450元

　　許多人學習三角函數只是為了考試，從此再沒用過，但三角函數是多種技術的基礎概念，可說是奠基現代社會不可缺少的重要角色。

　　本書除了介紹三角函數的起源、概念與用途，詳細解說公式的演算過程，還擴及三角函數微分與積分運算、相關函數，更進一步介紹源自三角函數、廣泛應用於各界的代表性工具「傅立葉分析」、量子力學、音樂合成、地震分析等與生活息息相關的應用領域，不只可以加強基礎，還可以進階學習，是培養學習素養不可多得的讀物。

人人伽利略 科學叢書 12

量子論縱覽　從量子論的基本概念到量子電腦

售價：450元

　　本書是日本Newton出版社發行別冊《量子論增補第4版》的修訂版。本書除了有許多淺顯易懂且趣味盎然的內容之外，對於提出科幻般之世界觀的「多世界詮釋」等量子論的獨特「詮釋」，也用了不少篇幅做了詳細的介紹。此外，也收錄多篇介紹近年來急速發展的「量子電腦」和「量子遙傳」的文章。

★國立臺灣大學物理系退休教授　曹培熙　審訂、推薦

人人伽利略 科學叢書 29

解密相對論　說明時空之謎與重力現象的理論

售價：500元

　　愛因斯坦提出的相對論是時間、空間相關的革命性理論，也是現代物理學的重要基礎。透過詳細精美的圖解，帶領讀者了解時間和空間是如何收縮，以及相對論在現代社會如何應用。

　　我們有可能回到過去或前往未來嗎？有可能進行星際旅行嗎？趕快透過本書感受相對論的魅力之處吧！

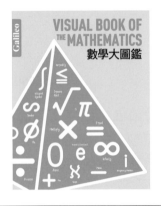
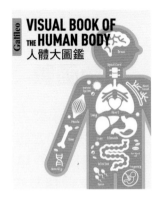
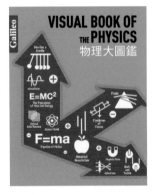
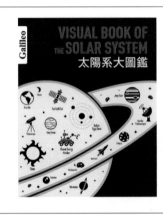
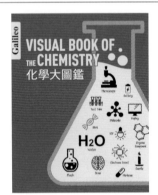
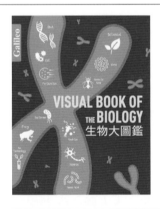
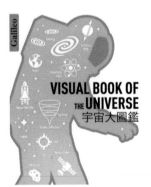
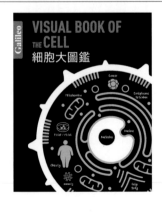

少年伽利略 02

三角函數

從三角函數的基礎
入門書

售價：250元

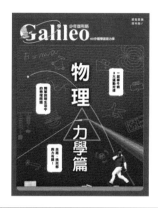

少年伽利略 15

物理力學篇

60分鐘學基礎力學

售價：250元

少年伽利略 05

邏輯大謎題

培養邏輯思考
的38道謎題

售價：250元

少年伽利略 16

光的原理

在許多科學領域
大放異彩

售價：250元

少年伽利略 06

微分與積分

讀過就能輕鬆上手！

售價：250元

少年伽利略 17

元素與離子

離子的構成與
化學用途

售價：250元

少年伽利略 09

數學謎題

書中謎題你能破解
幾道呢？

售價：250元

少年伽利略 18

基本粒子

進入微觀的神祕世界

售價：250元

【 人人伽利略系列 30 】

國中‧高中數學
有趣又實用的生活數學！附重要公式集

作者／日本Newton Press
執行副總編輯／王存立
翻譯／陳朕疆
編輯／林庭安
發行人／周元白
出版者／人人出版股份有限公司
地址／231028 新北市新店區寶橋路235巷6弄6號7樓
電話／（02）2918-3366（代表號）
傳真／（02）2914-0000
網址／www.jjp.com.tw
郵政劃撥帳號／16402311 人人出版股份有限公司
製版印刷／長城製版印刷股份有限公司
電話／（02）2918-3366（代表號）
香港經銷商／一代匯集
電話／（852）2783-8102
第一版第一刷／2022年6月
第一版第二刷／2023年5月
定價／新台幣450元
　　　港幣150元

國家圖書館出版品預行編目（CIP）資料

國中‧高中數學：有趣又實用的生活數學！
附重要公式集／日本Newton Press作；
陳朕疆翻譯. -- 第一版. --
新北市：人人出版股份有限公司, 2022.06
面；公分. —（人人伽利略系列；30）
ISBN 978-986-461-291-8（平裝）
1.CST：數學 2.CST：中等教育

524.32　　　　　　　　　　111006869

NEWTON BESSATSU MANABINAOSHI
CHUGAKU KOKO NO SUGAKU
Copyright © NewtonPress 2021
Chinese translation rights in complex
characters arranged with
Newton Press through Japan UNI Agency,
Inc., Tokyo
www.newtonpress.co.jp
●著作權所有‧翻印必究●

Staff

Editorial Management	木村直之
Design Format	宮川愛理
Editorial Staff	中村真哉
	宇治川裕
Writer	山田久美, ながさき一生, スターダイバー 重田 玲, 蔵本貴文

Photograph

3	Hyejin Kang/stock.adobe.com	92-93	fotomek/stock.adobe.com	124-125	sharaku1216/stock.adobe.com
21	kei907/stock.adobe.com	99	あんみつ姫/stock.adobe.com	126-127	japolia/stock.adobe.com
52-53	oneinchpunch/stock.adobe.com	104-105	NicoElNino/stock.adobe.com	130-131	akoji/stock.adobe.com
60-61	Gilbert lundt; Jean-Yves Ruszniewski/	106-107	DACCHO/stock.adobe.com	132	japolia/stock.adobe.com
	TempSport/Corbis/VCG via Getty Images	111〜113	takasu/stock.adobe.com	133	yoshitaka/stock.adobe.com
64	M.studio/stock.adobe.com	114-115	Monet/stock.adobe.com	136-137	chachamal/stock.adobe.com
68-69	Юлия Дружкова/stock.adobe.com	116-117	yamasan/stock.adobe.com	138-139	Olivier Le Moal/stock.adobe.com
74	maryviolet/stock.adobe.com	118-119	metamorworks/stock.adobe.com		
79〜81	frank peters/stock.adobe.com	122-123	metamorworks/stock.adobe.com		

Illustration

Cover Design 宮川愛理（イラスト：Newton Press）			RobertSimmon (ocean color, compositing, 3D	62〜67	Newton Press
2-3	Newton Press		globes,animation). Data and technical support:	70-71	Newton Press
5〜17	Newton Press		MODISLand Group; MODIS Science Data Support	72	小﨑哲太郎
18-19	Newton Press（地図作成：DEM Earth, 地図デ		Team;MODIS Atmosphere Group; MODIS Ocean	73	Newton Press
	ータ：Google Sat）		GroupAdditional data: USGS EROS Data	82〜91	Newton Press
20〜29	Newton Press		Center(topography); USGS Terrestrial Remote	94〜97	Newton Press
33〜49	Newton Press		SensingFlagstaf Field Center (Antarctica);	100-101	Newton Press
50-51	Newton Press（雲のデータ：NASA Goddard		DefenseMeteorological Satellite Program (city	120-121	Newton Press
	SpaceFlight Center Image by Reto Stöckli (land		lights).）	128-129	Newton Press
	surface,shallow water, clouds). Enhancementsby	57〜59	Newton Press	134-135	Newton Press